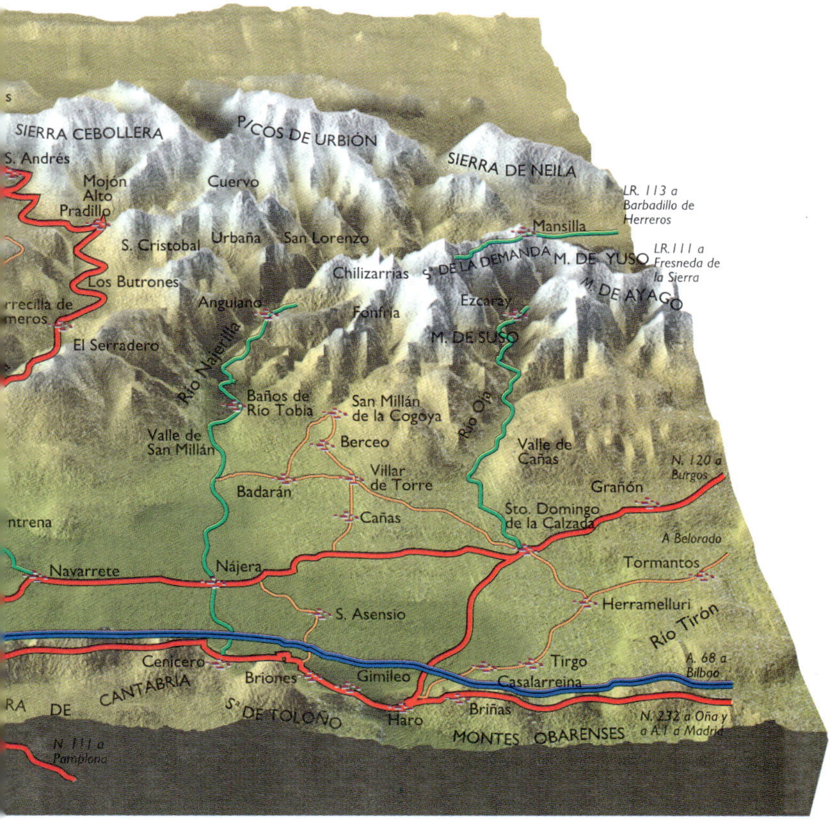
SIERRA CEBOLLERA
PICOS DE URBIÓN
SIERRA DE NEILA
S. Andrés
Mojón
Alto
Pradillo
Cuervo
LR. 113 a
Barbadillo de
Herreros
Mansilla
S. Cristobal
Urbaña
San Lorenzo
Sª DE LA DEMANDA
M. DE YUSO
LR.111 a
Fresneda de
la Sierra
Chilizarrias
Los Butrones
M. DE AYAGO
rrecilla de
meros
Anguiano
Fonfría
Ezcaray
El Serradero
M. DE SUSO
Río Najerilla
Baños de
Río Tobía
San Millán
de la Cogoya
Río Oja
Valle de
San Millán
Berceo
Valle de
Cañas
N. 120 a
Burgos
Badarán
Villar
de Torre
Grañón
Sto. Domingo
de la Calzada
ntrena
Cañas
A Belorado
Tormantos
Navarrete
Nájera
Herramelluri
S. Asensio
Río Tirón
Cenicero
Tirgo
A. 68 a
Bilbao
Briones
Gimileo
Casalarreina
CANTABRIA
RA
DE
Sª DE TOLOÑO
Haro
Briñas
N. 232 a Oña y
a A.1 a Madrid
MONTES OBARENSES
N. 111 a
Pamplona

José Mª Martínez del Campo

VISITA

LA RIOJA

EDITORIAL EVEREST, S. A.

Madrid • León • Barcelona • Sevilla • Granada • Valencia
Zaragoza • Las Palmas de Gran Canaria • La Coruña
Palma de Mallorca • Alicante • México • Lisboa

Coordinación editorial: Francisco Bargiela

Texto: José María Martínez del Campo

Fotografías: Imagen M.A.S., Domenech-Azpilicueta y Archivo Everest
Las fotografías de las páginas 11, 59b, 120 y 166b han sido cedidas por el autor.
Las fotografías de las páginas 19 y 23 son obra de Gonzalo M. Azumendi.
La fotografía superior de la contracubierta procede de A.G.E. FotoStock.

Diagramación: Gerardo Rodera

Ilustración cartográfica: Carlos Rodríguez Rosillo – OmniArt Corp.
(© Everest)

Diseño de cubierta: Alfredo Anievas

Tratamiento digital de imágenes: Marcos R. Méndez

EDITORIAL EVEREST, S. A.
Carretera León-La Coruña, km 5 - LEÓN
ISBN: 84-241-3598-9
Depósito legal: LE. 1.151-1998
Printed in Spain - Impreso en España

EDITORIAL EVERGRÁFICAS, S. L.
Carretera León-La Coruña, km 5
LEÓN (España)

PRESENTACIÓN

En La Rioja, cuna del castellano, se cultiva el arte de vivir.

Tienes en tus manos la Guía Everest VISITA LA RIOJA, que te abre las puertas de esta comunidad pequeña (dice la canción que va de Cameros al Ebro y desde Alfaro a Foncea), aunque llena de variados paisajes, monumentos de todas las épocas, tradiciones antiguas y extraordinarias, fiestas llenas de jolgorio y diversión, leyendas medievales, batallas incruentas, la gastronomía más sabrosa regada con vino de Rioja y una tierra en la que nadie es forastero.

El carácter abierto de los riojanos te acompañará por los bellos recorridos que vamos a proponerte para que te sientas como en tu propia casa y pases unas vacaciones inolvidables.

Cuando llegues a La Rioja por primera vez, la irás descubriendo poco a poco; y cuando regreses a tu lugar de origen, los gratos recuerdos te harán volver. Disfrutarás del valle y de la sierra, del campo y de la ciudad; pero sin agobios, sin atascos, sin aglomeraciones, sin carreteras abarrotadas de tráfico; aquí gozarás y lo pasarás bien, porque en La Rioja *se cultiva el arte de vivir* y al volver a casa, no necesitarás una semana para reponerte de las vacaciones, volverás descansado, contento de haberlo pasado bien, de haber hecho amistades; con las pilas cargadas, relajado y feliz.

Te ofrecemos una guía muy completa, amena, que leerás con placer, salpicada de anécdotas, leyendas y curiosidades; de cuando en cuando te propondremos ocurrencias como buscar un David que no toca el arpa, un capitel erótico... que te sorprenderán y harán más sugestivos los diez itinerarios que hemos diseñado especialmente para ti. Y en cada ruta te indicaremos un sendero que recorrer "con las botas puestas".

La Rioja te brinda varias rutas del vino, del mejor vino, que aquí se bebe despacio, paladeándolo, disfrutando de su sabor; con sus bodegas, sus viñedos, su tonelería, sus museos del vino, sus degustaciones y su *Fiesta de la Vendimia.*

La Rioja te propone la *Ruta de los Monasterios* para que conozcas el mundo de los hombres y mujeres que rezan; en los monasterios hallarás desde cuevas de ermitaño, vestigios visigodos, mozárabes, el arte románico, el gótico, la explosión cultural del renacimiento y el encanto del barroco; pero sin olvidar la cuna del castellano y ese apasionante mundo que descubrirás en San Millán de la Cogolla.

La Rioja te muestra la más fantástica *Ruta de los Dinosaurios*, que te transportará a un *Parque Jurásico* de verdad donde las huellas de dinosaurio, que vas a ver con tus propios ojos, están fosilizadas; contemplarás como una fotografía de piedra disparada por la Naturaleza hace 120 millones de años, que ha conservado hasta las ondulaciones del terreno.

La Rioja te lleva de paseo por el mundo de los señores feudales con sus castillos y fortalezas medievales y te mostrará la mayor pureza de las construcciones góticas de los primeros tiempos: el templo lleno de luz, como la Jerusalén Celestial, en Cañas.

La Rioja te presenta las rutas por varios ríos afluentes del Ebro conociendo paisajes distintos en el valle, el somontano y la sierra, o simplemente practicando el deporte de pescar la trucha.

La Rioja te transporta al mundo de las legiones romanas, de las grandes construcciones: puentes, acueductos, villas, calzadas y a conocer hombres tan importantes como Quintiliano.

La Rioja te acerca al mundo del renacimiento mostrándote una pintura de Miguel Ángel Bounarroti en Logroño y el conjunto de retablos más extraordinario que puedas imaginar coronado por la obra máxima de Damián Forment.

La Rioja te permite conocer el valle de Ezcaray con sus sierras y su fuero, sus iglesias y palacios, sus aldeas de arquitectura serrana y su estación de esquí.

La Rioja te da la oportunidad de recorrer una parte de la Ruta Jacobea que dispone de los albergues más cuidados del Camino Francés proporcionando a los peregrinos la atención más exquisita.

La Rioja, en fin, te permite conocer Logroño tranquilamente: su casco antiguo y el Logroño moderno, pero a la manera de los riojanos, disfrutándolo, casi paladeándolo, y cultivando el arte de vivir.

Para que conozcas el encanto que encierra La Rioja quiero contarte, a modo de ejemplo, lo que vas a encontrar en la *Ruta de los Dinosaurios*: Un verdadero *Parque Jurásico* con las mejores huellas descubiertas en toda Europa, un museo explicado por niños, un Centro Paleontológico, guías expertos, el gran Tiranosaurio Rex y un montón de recuerdos; un par de senderos para llegar a una pequeña cascada y a los mejores yacimientos de icnitas; un castillo medieval, las ruinas de una fortaleza mora, una fortificación rupestre colgada del farallón rocoso y las más románticas leyendas; un balneario de aguas medicinales, un carrascal con arbolado autóctono y un pueblo fantasma; una fábrica de harinas convertida en restaurante; la mina donde se extraen las más perfectas piritas del mundo y un tronco fósil de 120 millones de años; un museo y varias fábricas de calzado; el más importante poblado celtibérico del norte de España y unas bodegas de cava riquísimo. Y en cada lugar estará presente nuestra gastronomía y nuestros vinos de Rioja.

Si vienes a La Rioja, la conocerás poco a poco, la disfrutarás y volverás siempre que puedas. ¡Palabra!

El Autor

NATURALEZA Y ECOLOGÍA

Bosque de pinos en la zona de Cameros.

La Comunidad Autónoma de La Rioja con 5.034 km^2 y 268.848 habitantes está formada por dos grandes unidades: la depresión del Ebro al norte, resguardada por los Montes de Toloño, Obarenes y Sierra Cantabria, y la montaña compuesta por los Cameros y la Sierra de la Demanda.

Al norte linda con Álava y Navarra, al sur con Soria, al este con Navarra y Zaragoza y al oeste con Burgos. De valle y sierra disponemos en La Rioja aportando uno los fértiles cultivos y otra la foresta.

Por el centro del gran valle discurre el Ebro recogiendo las aguas de varios ríos nacidos en las montañas del Sistema Ibérico: Tirón, Oja, Najerilla, Iregua, Leza, Cidacos y Alhama-Linares abren otros tantos valles para hacer más variada, si cabe, esta tierra.

La situación de La Rioja dentro del Valle del Ebro, protegida al norte por Toloño, Obarenes y Sierra Cantabria y al sur por el Sistema Ibérico, logra un clima suave y no en vano se la ha denominado Andalucía del norte; no obstante, su situación en el corredor del Ebro hace que las tierras de la Rioja Baja reciban influencias del Mediterráneo, mientras la parte norte de la Rioja Alta admite ligeras influencias atlánticas. También de norte a sur se sienten diferencias climáticas: el valle más cálido y la sierra más fresca dando lugar a deliciosos parajes veraniegos y magníficas estaciones de invierno para deportes blancos.

El bosque riojano se halla representado por el roble, la encina, la carrasca, el haya y algo de pino silvestre principalmente, aunque no faltan repoblaciones de pinos; también aparecen especies como el acebo, el brezo, la estepa y más al sur tomillo, espliego o lavanda, romero, ulaga y jara entre otros arbustos.

En tierras de cultivo abundan las plantaciones de viñedo, incrementadas en lo posible por exigencias de los mercados nacionales e internacionales que cada día más piden el vino de Rioja por su excelente paladar y calidad; además de olivos y almendros, que alegran el paisaje con sus hojas plateadas y sus flores primaverales, hay nogales que dan buena madera y rica nuez, sin olvidar un variado grupo de importantes frutales: melocotoneros, ciruelos, manzanos, perales...

Respecto a plantas aromáticas es de lo más rico del país, como se desprende del trabajo realizado por el Dr. Zubía "Herbario de La Rioja", legado al Jardín Botánico de Madrid y publicado tras su muerte bajo el título "Flora de La Rioja".

La abundancia de ríos facilita el deporte de la pesca, bien representada por la trucha, el barbo, la carpa, el cangrejo...

Del valle a la sierra es frecuente encontrar liebres, conejos, jabalíes, venados, corzos, palomas, perdices, codornices, águilas, buitres, milanos, halcones y la colonia de cigüeñas más grande de Europa en Alfaro.

Recorriendo arboledas, terrenos incultos, bordes de caminos, praderas de montaña, sotobosques o choperas a la orilla de los ríos se pueden observar más de doscientas especies de setas, casi todas muy hermosas, unas comestibles y otras no; un buen número tóxicas y algunas mortales, pero unas cuantas son manjar de dioses. Nombraré unas pocas de las más conocidas para ilustrar al amable lector:

Almendros en Arnedo.

Amanita del César (la mejor), Amanita faloides (mortal), Falsa Oronja o Matamoscas (tóxica), Lepiota, Hongo blanco de pradera, Champiñón silvestre, Seta de Ardillas, Higróforo Escarlata, Palomita, Negrilla, Capuchina, Seta de Caballero, Pardilla, Cabeza de fraile, Fina o Seta de brezo, Seda o Perrechico, Pie azul, Cabo azul, Molinera, Senderuela, Rúsula comestible, Carbonera, Níscalo o Rovellón, Aguilera, Seta de cardo, Rebozuelo, Trompeta de los muertos o

Cigüeñas en Alfaro.

Río Iregua.

Cuerno de la Abundancia, Rodófilo en escudo, Seta de chopo, Boleto pegajoso, Boleto bronceado, Boleto real, Políporo azufrado, Yesquero, Lengua de vaca, Pedo de lobo, Falo imperial y Falo hediondo (desaconsejado para comer, aunque no es venenoso), Oreja de Judas, Colmenilla, Orejuela o Crispilla (tóxica en crudo y buen comestible bien cocinada), Peziza anaranjada...

Y un buen consejo: observad todas las setas, fotografiadlas, tratad con cuidado los setales y sólo coged aquellas especies que conocéis y estáis bien seguros de que son comestibles; no olvidéis que algunas son mortales y muchas, muy tóxicas.

HISTORIA
Y
ARTE

La Rioja recuerda a los dinosaurios que ocuparon su solar.

Los restos del pasado riojano se remontan en la noche de los tiempos hasta hace 120 millones de años cuando los dinosaurios que habitaban la Tierra dejaron su huella impresa, como en una fotografía de piedra realizada por la Naturaleza, siendo las huellas

Lápida romana.

de dinosaurios de tal cantidad y calidad, que poseemos el mejor "Parque Jurásico" europeo.

Excavaciones arqueológicas realizadas en cuevas rupestres atestiguan la presencia humana varios milenios antes del nacimiento de Cristo: en Cueva Lóbrega, en Peña Miel; importantes dólmenes amontonaban esqueletos humanos en La Cascaja, Peña Guerra, Collado Palomero...

También la presencia celtibérica en La Rioja está bien representada en *Contrebia Leukade* (Inestrillas), donde el poblamiento se organiza como una fortaleza de colosales proporciones, que cayó bajo el dominio de Roma tras 44 días de terrible asedio. De los romanos conservamos la Venus de Herramélluri, la Dama Calagurritana, un par de puentes, un acueducto, alfares y abundantes materiales en las ciudades que ocuparon, amén de una importante red de calzadas, que nada tenían que envidiar a las actuales carreteras. Con la llegada de los bárbaros se vino abajo la organización romana y se instaló el caos.

Infinidad de eremitorios, desde la alta edad media, hablan de la gran fe

Marfil en el monasterio de San Millán de Yuso. Predicación del santo y conquista de Cantabria por Leovigildo.

cristiana de los ermitaños, que se apartaban del mundo para estar más cerca de Dios; entre los eremitas destacan hombres como San Millán o su maestro San Felices. La presencia árabe nos deja una serie de fortificaciones y castillos, que componían una línea defensiva desde Clavijo a Cervera; palabras, costumbres y algún dulce por la Rioja Baja. La época medieval tuvo especial importancia en La Rioja por estar atravesada por la Ruta Jacobea, que trajo peregrinos de media Europa, ideas, cultura, repoblación de tierras recién conquistadas... y por ser escenario de importantes guerras entre Navarra y Castilla de las que se conserva una línea fronteriza jalonada de castillos, que todavía recuerdan el esplendor de siglos pasados. La implantación del cristianismo en La Rioja se hace patente con la construcción de pequeños templos románicos en villas y aldeas; la creación de abundantes monasterios, como ciudades de Dios, con importantes escritorios donde monjes anónimos escribieron e iluminaron maravillosos códices que atesoraban la cultura en las bibliotecas medievales. Y es en el monasterio de San Millán de la Cogolla donde aparecieron las primeras palabras escritas en español; no es extraño que hayas oído decir que La Rioja es cuna del idioma castellano o español; por eso San Millán de la Cogolla es un monumento a nuestro idioma, a un idioma que hablan en la Tierra mas de 400 millones de personas. También el arte gótico se deja ver con toda su pureza al visitar el monasterio cister-

Lucha entre Roldán y Farragut en un capitel de Navarrete.

ciense de Cañas, verás el gótico deseado por el gran reformador San Bernardo de Claraval: austero, casi sin adornos, de muros diáfanos que inundan el templo de luz, como una Jerusalén Celestial, que diría San Juan.

La explosión económica, que se produce en el siglo XVI, no pasa desapercibida en La Rioja, apreciándose en abundantes palacios, monasterios e iglesias que lucen la mejor colección de retablos renacentistas, que tienen su techo en la catedral de Santo Domingo de la Calzada, realizado por el arquitecto y escultor Damián Forment. En Logroño nació y pintó algunos de sus lienzos más geniales Navarrete el Mudo, que llegó a ser pintor del rey Felipe II, teniendo la mayor parte de su obra en El Escorial. Acaso la crisis del siglo XVII pasó como desapercibida en La Rioja, si tenemos en cuenta la cantidad de retablos, palacios e iglesias que se construyeron en aquel tiempo; y una serie de torres barrocas que surcan La Rioja del centro hacia el noroeste siguiendo modelos churriguerescos y borrominescos llenos de movimiento, llevándonos hasta el siglo XVIII.

Espartero y Sagasta tienen aquí monumentos y las crónicas hablan del cariño que los riojanos les dedicaron; también recoge nuestra historia los avatares que sufrieron nuestros viñedos cuando la enfermedad de la filoxera acabó con todas las cepas, cómo replantaron los viñedos arrasados por el mal y cómo siguieron el camino de la calidad al criar y envejecer los vinos, que han dado al Rioja la mención de "Calificada", la única región española que posee tal mérito.

Y cuando estamos acabando el siglo XX decimos de los riojanos que son un pueblo laborioso, que cultivan la tierra como si de un jardín se tratara para que dé el mejor fruto con la más alta calidad; que son un pueblo hospitalario con el visitante; que son amigos del buen comer y mejor beber (no hace falta beber mucho) y de disfrutar de la vida. No en balde se dice que *en La Rioja se cultiva el arte de vivir.*

CULTURA

Monumento a Quintiliano
en Calahorra, la antigua Calagurris.

La Rioja es crisol de culturas, cruce de caminos de distintos pueblos que a lo largo de siglos han dejado su huella: celtíberos y romanos, moros y cristianos han ido depositando sus se-

Busto del Marqués
de la Ensenada.

ñas de identidad y su saber. Hispanorromanos como Marco Fabio Quintiliano, el gran maestro de la antigüedad, y Aurelio Prudencio dieron gloria a Roma; San Millán, ermitaño en las sierras cogollanas y fundador del cenobio de Suso, fue ejemplo para la cristiandad medieval y aún hoy debería ser espejo de los cristianos. Peregrinos de media Europa dibujaron con su huella el Camino de Santiago, que al atravesar La Rioja trajo cultura del otro lado de los Pirineos, las nuevas ideas, el románico, el gótico, la repoblación de tierras... Santo Domingo de la Calzada fue el mejor constructor de caminos y puentes para ayudar a los santiagueros en su peregrinar. San Millán de la Cogolla es unión de reinos: aquí acuden los reyes de Castilla, aquí llegan los de Navarra y todos reconocen el patronazgo de San Millán y hasta su ayuda contra el moro que domina las tierras más al sur. En San Millán, cuna del idioma castellano, aparecen escritas las primeras palabras de nuestra lengua, y en San Millán aprende Gonzalo de Berceo, primer poeta español de nombre conocido, y en el portaleyo mozárabe de Suso escribe versos en cuaderna vía mientras monjes copistas iluminaban códices. La imprenta llegó a Logroño en 1501 de la mano de Arnaldo Guillén de Brocar, que más tarde imprimirá la Biblia Políglota Complutense para el Cardenal Cisneros. Destacan los poetas Esteban Manuel de Villegas, autor de las "Eróticas o Amatorias" y Francisco López de Zárate, el Caballero de la Rosa; también Fernando Albia de Castro, autor del "Memorial de la ciudad de Logroño". De finales del XVI a comienzos del XVII escribe Gregorio González de Rincón de Soto la novela picaresca "El guitón Onofre". El Marqués de la Ensenada fue el ministro que reorganizó la marina y realizó el Catastro que lleva su nombre. El General Espartero se casó en Logroño y siempre que su vida política se lo permitió, residió en el palacio que hoy es *Museo de la Ciudad.* Práxedes Mateo Sagasta, ingeniero de caminos número uno de su promoción, llegó hasta la presidencia del gobierno alternando en el poder con Cánovas del Castillo. Todavía se conserva la casa donde vivieron los Hermanos Delhuyar, descubridores del Wolframio; y

Espartero

Gonzalo de Berceo

El primer poeta castellano de nombre conocido nació en el pueblecito de Berceo, estudiando en el monasterio benedictino de San Millán de la Cogolla y leyendo, con toda seguridad, en la extensa biblioteca monacal. Berceo emplea los recursos que usaban los juglares y escribe de manera sencilla, para que todos puedan entenderle. El Maestre don Gonzalo nos cuenta la vida de tres santos de aquí: *La vida de San Millán, La vida de Santo Domingo de Silos* y *La vida de Santa Oria*; también escribe los *Milagros de Nuestra Señora* y a lo largo de toda su obra encontramos deliciosas descripciones llenas de ingenuidad y de encanto.

hasta la de don Manuel Bretón de los Herreros, el autor teatral de "Marcela o cuál de los tres", "Muérete y verás" y tantas comedias. No olvidemos a la escritora María de la O Lejárraga, ni al oftalmólogo Ramón Castroviejo, que llegó a la cúspide de la medicina con el trasplante de córnea, ni a Cosme García, inventor del submarino, ni al escultor Daniel, ni al matemático Rey Pastor. Ahí están el guionista cinematográfico Rafael Azcona o también el filósofo Gustavo Bueno; y quiero recordar lo que cantaba el gran Pepe Blanco llevando a La Rioja por todas partes:

Yo le canto a Logroño,
en La Rioja nací
y en la ribera del Ebro
lo canto así.

Retrato de Práxedes Mateo Sagasta.

La Rioja, por ser cuna del castellano, mantiene en San Millán de la Cogolla un Aula Permanente de la Lengua, realizando cursos y congresos de Lengua Española desde instancias riojanas y en colaboración con organismos y universidades nacionales e internacionales.

El vino también está presente en la cultura riojana y una sencilla *cata* es un ritual para que los cinco sentidos disfruten de ese Rioja que ofrecemos con simpatía a cuantos nos visitan.

COSTUMBRES
Y
TRADICIONES

Procesión del Santo en Santo Domingo de la Calzada.

La Rioja atesora costumbres y tradiciones que se remontan a un largo pasado. En Murillo de río Leza los cofrades de la Candelaria, cubiertos con negra capa, portan en andas a la Virgen llevando el paso temblón, como a quien le pica una pulga, para que trece campanillas de plata que cuelgan de sus andas produzcan ese tintineo argéntico. De Jueves Lardero a Martes de Carnaval se celebra con *culecas* y otras delicias gastronómicas, mientras los *zurramaqueros* disfrazados con cencerros y pieles de cabra recuerdan un importante pasado ganadero. Los *picaos* de San Vicente de la Sonsierra castigan su espalda durante la procesión del Viernes Santo, teniendo que picar la carne dolorida para que brote la sangre. El Domingo de Resurrección se quema *el Judas*, que representa a un personaje no querido de la localidad. Miles de "marchosos" participan en la *Valvanerada* saliendo a pie desde Logroño y caminando durante toda la noche para llegar al monasterio de Valvanera donde está la patrona de La Rioja. En Sorzano conmemoran la Procesión de las Cien Doncellas, vistiendo blancos trajes de novia y portando ramas de acebo para llegar a la ermita de Ermedaña, acaso en recuerdo de un tributo pagado a los moros. Por la Magdalena danzan en Anguiano lanzándose desde lo alto de una empinada cuesta, dando giros de vértigo sobre altos zancos de madera y vistiendo ropas multicolores. En Haro se sube a los riscos de Bilibio para festejar la famosa *Batalla del Vino*, donde el único proyectil es el líquido rojo; también San Asensio celebra la *Batalla del Clarete* con idéntico sentido. En la mayoría de pueblos disfrutan de encierros de vaquillas donde los más atrevidos corren delante y detrás de los astados mientras el público se divierte con el espectáculo desde el otro lado de los tablones. En Santo Domingo de la Calzada conmemoran cada año la festividad del Santo Abuelito con la Procesión del Peregrino, donde bellas jóvenes calceatenses lucen vestidos blancos, cubren su rostro con tul y portan sobre sus cabezas cestillos también blancos. En Cervera del río Alhama, por la Asunción, una doncella sube al tejado de la Ermita de la Virgen del Monte y coloca el banderín blanco en recuerdo de los malogrados amores de la mora Zara y el cristiano Fortún. En Logroño la Cofradía del Pez, por San Bernabé, entrega a cuantos acuden a la vieja muralla de la ciudad un pez, un jarrito de vino de Rioja y un panecillo en recuerdo del sitio que sufrieron los logroñeses en 1521 por parte de las tropas francesas. En Nájera se dan vueltas por San Juan y por San Pedro.

En un mundo donde casi todo está mecanizado, la **Artesanía** es labor en la que predomina el trabajo manual, pero

Los "picaos" de San Vicente de la Sonsierra.

todavía conserva La Rioja algunos oficios que pueden clasificarse como artesanales: La **almazuela** es una pieza realizada con telas de distintos colores y texturas que al unirse pueden formar espectaculares colchas, decorativos manteles, tapices multicolores, cojines... de extraordinaria belleza; tradicionalmente era en los Cameros donde se cosía esta labor y cuando prácticamente se había perdido, Lola Barasoain recuperó la técnica que muchas personas realizan actualmente. La **tonelería** en La Rioja es una verdadera necesidad para la crianza y envejecimiento de nuestros vinos de Rioja y es un verdadero placer contemplar el trabajo del tonelero cuando arma la barrica a ojo de buen cubero, cuando la calienta al fuego para darle su forma panzuda o cuando le coloca los fondos. La Rioja, que poseyó importantes alfares en Tricio durante la época romana, concentra a un importante número de **alfareros** en

Batalla del vino en Haro.

Artesanía riojana: alfarería...

...tonelería...

...y cestería.

Navarrete. La **alpargatería** extiende sus reales por tierras cerveranas y alrededores. La forja está bien representada por el apellido Tofé en Bañares y Zarraton. En Logroño hay un taller abierto donde se hacen y venden las **botas** de vino. Las **pelotas** de frontón son imprescindibles para practicar nuestro deporte regional. La **cestería** conserva aún varios artesanos; también la **encuadernación** es labor de artesanía para ciertos libros de calidad, la **cantería** y hasta la elaboración de **bargueños** a base de maderas antiguas, hueso, marfil, taracea...

GASTRONOMÍA

Cardo con almendras.

Dicen que La Rioja es tierra de buen comer y mejor beber, y es que la buena mesa acompañada de un vino de Rioja se hace redonda.

El viajero que llega a La Rioja encuentra algunos restaurantes que le ofrecen una selección de viandas que quiere ser escaparate de una huerta extraordinaria, donde están presentes los pimientos asados, espárragos, ajos tiernos, cogollitos acompañados de queso y anchoas, revuelto de setas o champiñones y hasta algún embutido, seguido de pescados, carnes criadas en nuestras sierras cameranas y lo rematan con algún postre salido de la huerta o de las cocinas.

Pero la cocina riojana es más amplia y varía según las estaciones, algo que debe tener en cuenta el comensal cuando se siente a la mesa:

En primavera la huerta riojana revive proporcionándonos blancos espárragos cultivados y verdes espárragos silvestres, ajos tiernos que harán delicioso revuelto y también asados en las brasas los toman en la zona de Arnedo para San José; las primeras habitas se toman en calzón, después desgranadas; las alcachofas pequeñas con jamón son plato de dioses; los mejores caracoles son los de abril si hacemos caso del refranero: con tomate, jamón y chorizo o con cordero son manjar; los guisantes con cebollita y una pizca de mantequila son riquísimos; pero la reina de la estación es la menestra de verduras con lo que da la tierra en el momento: alcachofas, habas tiernas, acelga, cardo, espárragos... se toma al vapor para que cada verdura aporte todo su sabor, o se rebozan algunas y se trabaja más el plato, o se le añaden unos taquitos de patata y unos trozos de cordero para hacer plato único; observarás que desde Alfaro hasta Foncea varía la menestra según sean las huertas y los fogones. Pronto comienzan a aparecer las fresas, más pequeñas que el fresón, pero no vayas a comparar; y las cerezas pondrán color en la mesa antes de que lleguen otras frutas más calurosas. Y el calor veraniego irá trayendo berenjenas, que rebozadas parecen filetes del huerto; calabacín y cebolla, que harán un pisto "chachi"; y la ensalada de lechuga, que visita nuestra mesa casi todo el año, la adornaremos con tomates llenos de sabor, pepinos, bonito, cebollas tiernas, trozos de espárrago y hasta zanahoria rallada le podemos añadir; la alubia verde con patata es plato sencillo, pero rico, sólo hay que agregarle un chorretón de aceite de oliva; vendrán los pimientos verdes, que tomaremos fritos, luego con tomate y cebolla haremos rica fritada (buena para acompañar las carnes del cocido en invierno); cuando se pongan rojos, asados con aceite y sal no tienen par, los de cornicabra secos, para los guisos, y rellenos son manjar: de carne, de pescado, de setas y gambas, de espinacas y langostinos, pero que sean del piquillo; también es tiempo de pochas, esas alubias exquisitas cogidas antes de secas, son deliciosas con codornices, con cordero y hasta con una cabeza de ajos (se acompañan con unas guindillas); el cordero camerano es extraordinario, asado al horno, a la panadera sobre una base de patatas, guisado, con pimientos, sin olvidar las cabecillas asadas al horno; y aún nos queda el cabrito asado, que es maravilla pura. Un rico postre de la huerta es ese melocotón grande, amarillo, sabroso, y las peras, que al vino tinto toman un gusto especial.

En otoño las uvas están maduras, que son buen postre, y a punto para la vendimia; las chuletas de cordero asadas al sarmiento tienen algo tan especial, que venir a La Rioja y no comerlas casi es pecado; otro plato rey de la cocina riojana son las patatas con chorizo, sencillo, pero extraordinario, o unas patatas con cordero y lo que haya en la huerta para hacer un buen rancho o caldereta; la trucha con una *chaveta* de jamón también está para comer; y no vendrían mal unas patitas de cordero, unas gordillas, unos embuchados o un patorrillo hecho como Dios manda.

Y cuando llegan los fríos invernales apetecen unos caparrones o unas alubias, que pueden ser blancas, pintas y del pilar, mejor si se cuecen con piezas ricas de la matanza y se acompañan con unas guindillas; el frío aporta bondad a la berza prieta, a la coliflor, que llaman pella en La Rioja, para tomarla sola o acompañando a los cocidos; la borraja es reina del invierno, el cardo con almendras y un poco de besamel es aquí plato navideño y la escarola acompaña bien a cabritos asados y corderos pascuales; también el besugo, la merluza y demás pescados del Cantábrico, por proximidad, han estado y están presentes en la cocina riojana, sin olvidarnos del bacalao con tomate y pimientos, que es plato extraordinario;

Vendimia.

Invernaderos en Cenicero.

Etiquetas de la D. O. Rioja.

también las terneras que pastan en Cameros tienen un buen bocado, los callos con pata están de lujo, y el rabo es bocado más exquisito, bien sea guisado o dándole gusto a los garbanzos. Durante diciembre y enero se celebran las matanzas del cerdo que darán ricas morcillas (dulces y saladas), el picadillo es plato obligado, chorizos y salchichones curados al aire de la tierra tienen ganada fama, ricos jamones, sabrosa panceta...

Tan deliciosa gastronomía se acompaña con vinos de Rioja que completan, entonan y hacen redonda una comida: tintos del año muy aromáticos, afrutados, con mucho sabor; claretes ligeros que son muy bien recibidos en verano tomados frescos; tintos de crianza, reservas y grandes reservas, que harán las delicias de determinados platos; y no debemos olvidarnos de los blancos, tan ricos y fresquitos tomados con ciertos entrantes y pescados, o los cavas, tan festivos burbujeantes y de calidad.

Para los postres irá bien el queso camerano, de suave paladar, soso o con sal; la cuajada acompañada de rica miel; la pera de donguindo o la manzana reineta asados al horno; el melocotón y la pera al vino tinto; las torrijas y los huesos de santo tienen su tiempo por San José y Cuaresma; la compota es postre navideño hecho con manzanas, ciruelas pasas, orejones de melocotón..., que en La Rioja llaman manzanate; también los mazapanes de Soto se arriman a las fiestas navideñas, aunque en alguna pastelería tienen todo el año; los fardelejos, que ya los hacían los árabes en Arnedo; los rusos tienen fama en Alfaro, los de Malumbres; rosquillas, ahorcaditos en Santo Domingo; y si encargas Milhojas en la Mariposa de Oro o Brazo de Venus y Ponche Ruso en La Imperial, te chuparás los dedos.

LOGROÑO

LOGROÑO, CAPITAL DE LA RIOJA

Logroño surge a orillas del Ebro en un tiempo que los historiadores no han sabido precisar; pero cuando adquiere importancia es a finales del siglo XI, debido a su estratégica situación fronteriza entre los reinos de Castilla y Navarra, por lo que recibió fuero del rey castellano Alfonso VI en 1095 para su repoblación; también el Camino de Santiago ayudó a engrandecer la ciudad, que permaneció amurallada hasta el siglo XIX.

INFORMACIÓN PRÁCTICA

Ayuntamiento Av. La Paz, 11
☎ (941) 24 32 11.

Oficina de Turismo Concha del Espolón.
☎ (941) 26 06 65.
Policía Local 092.
Policía Nacional 091.
Hospital General de la Rioja Av. de Viana, 1 ☎ (941) 29 11 94.
Hospital San Millán Autonomía de La Rioja, 3 ☎ (941) 29 45 00.
Hospital de San Pedro Piqueras, 98 ☎ (941) 29 45 00.
Cruz Roja ☎ (941) 22 22 22.
Estación de Autobuses Av. España, 1 ☎ (941) 23 59 83.
Estación de Ferrocarril Pza. Europa, s/n. ☎ (941) 24 02 02.
Radio Taxi Rioja Servicio 24 horas ☎ (941) 22 21 22.
Tele Taxi Servicio 24 horas ☎ (941) 50 50 50.

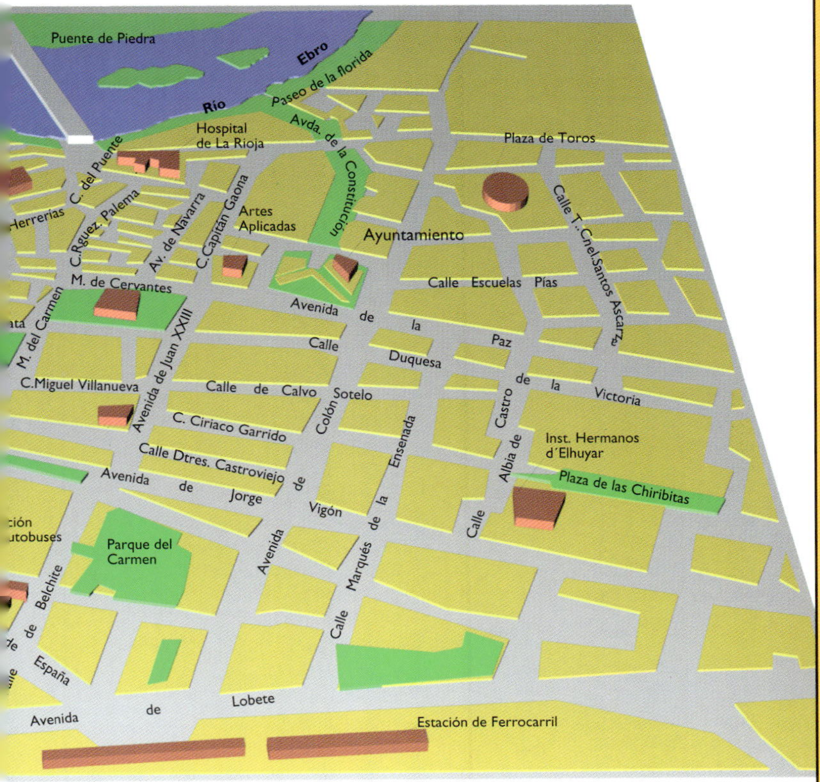

Consejo Regulador Denominación Origen C. Rioja Estambrera, 52 ☎ (941) 500400

MONUMENTOS

Concatedral de Sta. María de la Redonda Portales, 14 ☎ (941) 25 76 11.

San Bartolomé Pza. San Bartolomé ☎ (941) 25 22 54.

Santa María de Palacio Mayor, 30 ☎ (941) 24 96 60.

Santiago el Real Barriocepo, 6 ☎ (941) 20 95 01.

Parlamento Riojano Mayor, 111 ☎ (941) 20 40 33.

Museo de la ciudad Pza. San Agustín, 23 ☎ (941) 29 12 59. Horario: 10-14 y 16-21; domingos de 11,30-14 (lunes cerrado).

Museo sacro Claustro de la iglesia de Santa María de Palacio. Mayor, 30 ☎ (941) 24 96 60.

ALOJAMIENTO

HOTEL CARLTON RIOJA **** Gran Vía, 5 ☎ (941) 22 66 08.

HOTEL HERENCIA RIOJA **** Murrieta, 14 ☎ (941) 21 02 22.

HOTEL MELIÀ CONFORT LOS BRACOS **** Bretón Herreros, 29 ☎ (941) 22 66 08.

HOTEL CIUDAD DE LOGROÑO *** Menéndez Pelayo, 9 ☎ (941) 25 02 44.

HOTEL CONDES DE HARO *** Saturnino Ulargui, 6 ☎ (941) 20 85 00.

HOTEL MURRIETA *** Murrieta, 1 ☎ (941) 22 41 50.

HOTEL SOTO GALO ** Av. Mendavia Pol. Cantabria ☎ (941) 25 91 22.
HOTEL PARÍS * Av. de La Rioja, 8 ☎ (941) 22 87 54.
HOSTAL LA NUMANTINA *** Sagasta, 4 ☎ (941) 25 14 11.**HOSTAL MARQUÉS DE VALLEJO** *** Marqués de Vallejo, 8 ☎ (941) 24 83 33.
HOSTAL NIZA ** Gallarza, 13 ☎ (941) 20 60 44.
HOSTAL RIOJA CONDESTABLE ** Doctores Castroviejo, 5 ☎ (941) 24 72 88.
HOSTAL ISASA * Doctores Castroviejo, 13 ☎ (941) 25 65 99.
HOSTAL MESÓN PEPA * Ctra. Zaragoza km. 3 ☎ (941)·23 40 11.
HOSTAL SEBASTIÁN * San Juan, 21 ☎ (941) 24 28 00.
CÁMPING LA PLAYA Av. La Playa ☎ (941) 25 22 53.
RESIDENCIA UNIVERSITARIA Caballero de la Rosa, 38 ☎ (941) 26 14 22 (Funciona como albergue en vacaciones).

RESTAURANTES
Anzuelo de Oro Bretón de los Herreros, 62. Pescados, caza, repostería ☎ (941) 22 45 06.
Asador La Chata Carnicerías, 6. Asados al horno de leña ☎ (941) 25 12 96.
Asador Zubillaga San Agustín, 3. Pastel puerros, changurro ☎ (941) 22 0 73.
Cachetero Laurel, 3. Verdura, carnes, pescados ☎ (941) 22 84 63.
Casa Emilio Pérez Galdós, 18. Asados al horno de leña ☎ (941) 25 88 44.
Cecilio Peso, 5. Pimientos rellenos, solomillo, repostería ☎ (941) 22 10 99.
Comedor Bodegas Treviño Av. Escobosa, 1. El Cortijo Buena cocina riojana. ☎ (941) 22 79 91.
La Chatilla Peso, 2. Carnes a la plancha, pescados al horno ☎ (941) 20 61 98.
Las Cubanas San Agustín, 17. Menestra, cordero, leche frita ☎ (941) 220050.
Las Escalerillas Carnicerías, 2. Cabecillas, cabrito ☎ (941) 24 93 72.
Florentino Milicias, 4. Buena cocina riojana ☎ (941) 26 07 14.
Iruña Laurel, 8. Buenas verduras, carnes y pescados ☎ (941) 22 00 64.
Mesón Virto Pío XII, 9.. Alcachofas, zarzuela de marisco ☎ (941) 25 23 94.
Mesón Ríos Oviedo, 15. Autoservicio, precio único. ☎ (941) 23 89 72.
Metropol Jorge Vigón, 31. Variedad y buen precio ☎ (941) 24 04 15.
Moderno Pza. Martínez Zaporta. Cocina casera, verduras. ☎ (941) 22 00 42.
El Peso Peso, 4. Buena cocina riojana ☎ (941) 22 00 21.
El Rincón de Julio Av. La Playa, 5. Chuletas al sarmiento, chuletón ☎ (941) 26 05 35.

BODEGAS
BRETÓN Lope de Vega, 20 ☎ (941) 21 22 25.
CAMPO VIEJO Bécquer, 3 ☎ (941) 21 08 00.
FRANCO ESPAÑOLAS Cabo Noval, 2 ☎ (941) 25 13 00.
JOSÉ PALACIOS Av. Mendavia ☎ (941) 23 70 55.
LOGROÑESAS Circunde, 86 ☎ (941) 24 86 26.
MARQUÉS DE MURRIETA Ctra. Zaragoza km. 5 ☎ (941) 25 81 00.
MARQUÉS DE VARGAS Ctra. Zaragoza km. 6. ☎ (941) 26 12 43.
OLARRA Av. Mendavia ☎ (941) 23 52 99.
REJA DORADA Ruavieja, 19 ☎ (941) 23 69 80.
SEÑORÍO DEL PARRAL Ctra. Burgos km. 413 ☎ (941) 20 76 70.
VIÑA IJALBA Ctra. Pamplona ☎ (941) 26 11 00.
VIÑA VALORIA C. Burgos ☎ (941) 20 40 59.
Compras: Postales, botas, vinos y cavas, mazapanes, fardelejos, patés, conservas: pimientos, espárragos...
Postales, libro riojano Librería La Rioja. Portales, 47 ☎ (941) 25 10 52.
Botas de vino Sagasta, 8. Elaboración artesanal ☎ (941) 24 86 33.
Palacio del Vino Av. Burgos, 136. Todos los vinos de Rioja ☎ (941) 22 82 00
La alacena riojana Calvo Sotelo, 28.
La catedral del vino Portales, 25 ☎ (941) 25 41 44.
La Golosina Portales, 5. ☎ (941) 25 12 93.
Jelen Rioja Murrieta, 5. Vinos, productos riojanos ☎ (941) 20 26 76.
Casa Eduardo Gallarza, 9. Productos riojanos ☎ (941) 21 13 42.
De Torre García Morato, 25. Productos riojanos ☎ (941) 24 10 18.
Elena Gil República Argentina, 13. Productos riojanos ☎ (941) 25 70 18.
Rioja Selección República Argentina, 12. Productos riojanos ☎ (941) 25 75 41.

Vidrieras y Tífani Calvo Sotelo, 36.
☎ (941) 25 76 15.
Antigüedades Ruavieja, 17; Pza. Mercado, 10; Barriocepo, 44 y 48; Bretón de los Herreros, 58; Av. Portugal, 3; García Morato, 24; Santa Isabel, 2; Huesca, 1; Villegas, 20; Portales, 7; Circunde, 50.

BARES DE MARCHA

LA ZONA Calle Vitoria, Chile, Gran Vía, Fundición, Labradors, Av. Portugal, Bretón de los Herreros. CASCO ANTIGUO Laurel y entorno Museo. Calle Mayor. Pza. Mercado.
PUBS final de Jorge Vigón

DISCOTECAS

Sarao Siervas de Jesús, 3
☎ (941) 22 59 31.
Area 7 Duquesa de la Victoria, 8
☎ (941) 23 39 66.
Yo que sé Duquesa de la Victoria, 4
☎ (941) 23 13 31.
Aural Av. Navarra, 5 ☎ (941) 23 25 92.
Palnk Calle Vitoria
Caraoques En Chile, 16; Fundición, 2 y 11.

ACTIVIDADES CULTURALES Y FIESTAS

ACTUAL Primera quincena de enero: Escenario de culturas contemporáneas: música, exposiciones, cine, literatura
FIESTA DE LA VENDIMIA 8 días alrededor del 21 septiembre: Conciertos musicales, carrozas, peñas, degustaciones gastronómicas, vaquillas, corridas de toros, teatro
NUEVAS MUSICAS abril
CICLO DE MUSICA CORAL abril y mayo
CICLO DE DANZA mayo
MUSICA DE ÓRGANO julio / agosto
FESTIVAL DE TEATRO octubre
MUSICA SINFONICA octubre / noviembre

SALAS DE EXPOSICION Y GALERÍAS

Aguado San Antón, 12 ☎ (941) 24 10 38.
Amós Salvador Once de Junio s/n.
☎ (941) 25 92 02.
Ayuntamiento Av. de la Paz, 11
☎ (941) 24 32 22.
Biblioteca Pública Merced, 1
☎ (941) 21 13 82.
Bretón Bretón de los Herreros, 58
☎ (941) 20 24 24.
Caja Laboral Av. de la Paz, 74
☎ (941) 25 84 88.
Casa de la Juventud Portales, 83
☎ (941) 20 16 85.
Centro Cultural Caja Rioja Gran Vía, 2
☎ (941) 29 31 69.
Escuela de Artes Aplicadas Av. de la Paz, 9 ☎ (941) 24 09 93.
José Mª López Baró Pza. San Bartolomé, 1 ☎ (941) 25 15 37.
Museo de La Rioja Pza. San Agustín, 23
☎ (941) 20 68 21.
Navarrete el Mudo (Ibercaja) San Antón, 3 ☎ (941) 24 66 11.
Pedro Torres Calvo Sotelo, 27
☎ (941) 24 35 56.
Universidad Av. de la Paz, 107
☎ (941) 24 92 00.

RUTAS POR LOGROÑO

ITINERARIO 1. EL CASCO ANTIGUO

Logroño es ciudad pequeña (126.000 habitantes) que puedes pasear sin agobios para que disfrutes con su visita. Iniciamos nuestra andadura por el **Casco Antiguo** en la calle Portales, la más importante de la ciudad durante siglos; casi toda porticada, es buen paseo en épocas invernales y cita comercial con abundantes cafeterías y restaurantes. Comenzamos con un palacio del XVIII, que llaman *Casa de los Chapiteles* y fue ayuntamiento desde 1864. En el nº 12 descubrirás una de las casas más interesantes; a un paso está la **Concatedral de Santa María de la Redonda**, que lo es desde 1959. Se inicia la construcción en estilo renacentista (posiblemente sobre otro templo anterior románico, de planta redonda o poligonal) y se acaban las obras en el XVIII, no hay más que ver sus dos torres gemelas y esa portada en forma de hornacina con aires de retablo y santos de alabastro (comienza Juan Bautista Arbaiza y concluye Martín de Beratúa en 1762). La Redonda tiene tres naves y deambulatorio en cabecera y pies, lo

Puerta de Carlos V.

Concatedral de Santa María la Redonda. ▶

Crucifixión de Miguel Ángel
Pequeño cuadro del genio italiano que muestra a Cristo en la Cruz, todavía vivo, acompañado por la Magdalena, la Virgen y San Juan, con dos ángeles a ambos lados. Miguel Ángel pintó este cuadro a la poetisa y amiga Vittoria Colonna (viuda del riojano Francisco de Abalos, Marqués de Pescara muerto en 1525 a consecuencia de las heridas en la batalla de Pavía), poniendo a la Magdalena el rostro de Vittoria y colocándole sobre los hombros el paño de viuda. La pintura fue estudiada por los doctores e investigadores Eliseo Sainz Ripa y José Manuel Ramírez Martínez y es auténtica. Fue traída a la Redonda desde Italia para ser colocada en la capilla del obispo don Pedro González del Castillo.

Portada de la Concatedral.

que le permite realizar procesiones en el interior; las bóvedas son estrelladas. La catedral está cuajada de pequeñas joyas que iremos descubriendo: capillas, retablitos, pinturas, imágenes... que miradas despacio podrás saborear. Entrado por la puerta sur (la de Portales) el Maestre Anse crea esta capilla para la familia Ponce de León y coloca en el retablo a Nuestra Señora de la Paz sosteniendo a su hijo sobre la rodilla y un San Sebastián que da gloria verlo; frente a ti está la tumba del señor de la capilla y sobre ella un relieve policromado con la Resurrección de Cristo, es el triunfo sobre la muerte que tanto gustó a los artistas del renacimiento; en la decoración, a base de grutescos, no faltan leones haciendo juego con el apellido familiar. Caminando hacia el altar mayor se llega a la capilla del Pilar con dos grandes pinturas que hablan de la Conversión de Francisco de Borja ante el cadáver de la reina Isabel de Portugal y la Toma del Hábito; a la izquierda una talla gótica de la Virgen de los Ajusticiados, de gran fama por haber escuchado durante siglos la última oración de los condenados a muerte. En la siguiente capilla hay pinturas renacentistas de Alonso Gallego y Andrés de Melgar (volverás a ver su trabajo en la Catedral de Santo Domingo, Ruta 2: Camino de Santiago). El Retablo Mayor es grande, barroco, con columnas salomónicas y abundante decoración, sagrario relicario a juego y una talla hispano flamenca de la Virgen (fines XV o inicio XVI) preside el retablo. A ambos lados hay púlpitos bellamente decorados (acércate). En el trasaltar, que hace las veces de capilla de invierno, se guardan joyas de gran valor: En una cámara blindada se encuentra el **Calvario de Miguel Ángel Buonarroti**, frente a la Asunción Coronación de la 2ª mitad del XV y autor flamenco, el Santo Cristo Crucificado de finas del XV que contaba con la devoción de los agricultores; el obispo don Pedro González del Castillo, pagador de la capilla, del escultor Juan Bazcardo, en posición orante y rostro demacrado (si se le compara con la pintura de Pantoja de la Cruz que hay en esta iglesia) porque la muerte le andaba rondando; y el Mausoleo de Espartero y su esposa doña Jacinta realizado por Juan Samsó en 1888 por orden de la reina María Cristina (viuda de Alfonso XII).

Calvario de Miguel Ángel.

Casa de Espartero.

Entrar en la Capilla de los Reyes, sentarse y contemplar el retablito de la Adoración de los Magos es trasladarse al renacimiento, a la religiosidad de las familias que construían su propia capilla y al trabajo de los talleres de Amberes en 1554, fecha en que se labró el retablo. En la capilla de San Pedro quiero que observes el trabajo de la reja, obra del artista Celma, acaso el mejor rejero del momento, que también debió hacer la de los Reyes, forjándola en Logroño; el retablo de San Pedro (pequeño y a la derecha, no te confundas con lo que tienes delante) muestra al santo titular con la tiara pontificia sobre su cabeza y lleno de fuerza expresiva, es obra de Juan Fernández de Vallejo. No dejes de admirar las reliquias traídas del arruinado monasterio de San Prudencio del monte Laturce (cerca de Ribafrecha, ver ruta 5): Busto relicario de San Prudencio del XV y arquetas de San Félix y San Funes. Luego está la Capilla de San Ildefonso, que tiene el retablo enfrente (después de la restauración) es obra del XVI de un artista de la onda de Guillén de Holanda. El coro forma un interesante espacio formado por la sillería de nogal (labrada por Maestre Anse, Arnao de Bruselas y Juan de Lorena); el gran órgano, que inunda el templo con su música; Cristo crucificado con una anatomía claramente barroca al estilo de Rubens y todo cubierto con bella bóveda estrellada. En el trascoro está la Capilla de los Angeles, una deliciosa obra de Juan Bautista Arbáizar (volveremos a ver su trabajo en la ermita del Cristo de Briones; ver ruta 6) que integra en un espacio poligonal capillas, altares, las dos naves laterales, se cierra con cúpula octogonal decorada con la pintura de José Bejes, y linterna con vidriera. Presidiendo una de las capillas está el Sepulcro de Cristo realizado con finas maderas, carey y embellecido con apliques y herrajes de plata, siendo regalo de don Gabriel de Usaín en 1694; el Cristo es articulado. La **Plaza del Mercado** ha sido durante siglos la plaza mayor de la ciudad, con soportales orientados a mediodía y a donde confluyen las calles: Caballerías, Carnicerías, Alojerías (hoy Mercaderes) y Herrerías, que recuerdan los gremios medievales; ahora está llena de tiendas y cafés que sacan sus terrazas a la calle contribuyendo a su ambiente nocturno. Siguiendo Portales y entrando en la plaza Martínez Zaporta destaca en la esquina el edificio de La Roja del arquitecto Fermín Alamo en 1921; una placa recuerda al impresor Arnaldo Guillén de Brocar, que tuvo aquí su taller y fue encargado por el cardenal Cisneros de imprimir la *Biblia Políglota Complutense*; y ese hermoso edificio, que albergó los talleres del periódico "La Rioja" se remata con esbelto chapitel. Por fin llegamos al **Museo**, palacio

Página de al lado, iglesia de Santiago el Real. Sobre estas líneas, otra vista de la misma y el famoso juego de la oca del Camino de Santiago.

Un paseo por la Senda de los Elefantes

El recorrido por esta original senda consiste en visitar la calle Laurel (detrás del museo) y contiguas tomando un champiñón aquí, un pimiento relleno allá, una tortillita, unos calamares, una zapatilla de jamón, unas setas, unos riñones, unos bocaditos de anchoa, un pincho moruno, un poquito de jamón ibérico, unas patitas de cordero, unos callitos... con un vinito de Rioja que está de miedo. Es una ruta gastronómica, de barra en barra, que te encantará. Tampoco es mal paseo entrar por la calle San Juan y salir por Ollerías a Marqués de Vallejo, fíjate qué pedazo de torre. (Y cuando bebas, recuerda: bebe poco y calidad, que disfrutarás; pero si bebes cantidad, harás el tonto y te sentará mal).

Aguja de Santa María del Palacio.

barroco, que perteneció a la familia de doña Jacinta Martínez de Sicilia, esposa de Espartero, y residencia del general cuando se retiró de las tareas militares y políticas. En el museo hay varias piezas que no debes perderte: la Sarga de Santa Ana de la Escuela de Justo de Gante; varias esculturas renacentistas de Pedro Arbulo, procedentes del Retablo de San Jerónimo del monasterio de La Estrella; las Tablas de San Millán, traídas del monasterio de Suso; la Venus de Herramélluri, hallada en las excavaciones de la ciudad romana de Libia. Míralo todo despacio, saboréalo y vuelve más días.

Al final de Portales una chimenea (mudo recuerdo de la Tabacalera) introduce una nota curiosa en los edificios que fueron **Convento de la Merced** (varios escudos con la cruz de Malta y las cuatro barras dan fe de ello), del que se puede ver lo que fuera portada, iglesia y claustro (no dejes de contemplar el patio, que es hemiciclo; en el claustro, con sus bellas y austeras arcadas, se sitúa la prensa y personas que acuden a los plenos; y el cielo ha sido

Interior de Santa María del Palacio.

cubierto con un diáfano acristalamiento. Con la Desamortización pasó el convento a manos laicas y al traer la fabrica de tabacos a Logroño, se instaló en el edificio mercedario; cuando hace pocos años la Tabacalera se trasladó al Polígono Industrial El Sequero, los viejos edificios se restauraron para dar cobijo al **Parlamento Riojano** (donde fuera iglesia y claustro), Sala de Exposiciones Amós Salvador y Biblioteca. Al lado está lo que queda de la muralla y Puerta del Revellín.

Junto a la muralla hay una escultura de Miguel Angel Sáinz que recuerda el centenario de la Tabacalera. Seguimos por la calle **Barriocepo** (barrio del cepo) donde está el **Colegio de Arquitectos** (bien restaurado y con dos bodegas construidas con sillares de piedra), más abajo la Universidad a Distancia también tiene bodega en los sótanos; y pasito a pasito llegamos a la **Iglesia de Santiago el Real** (1513 - 1550) edificada sobre los restos de un templo gótico del que se conserva la cripta; de una sola nave con capillas entre contrafuertes, posee una especta-

La Cofradía del Pez

Tropas francesas atravesaron los Pirineos para venir en ayuda de los Comuneros que luchaban contra Carlos V, pero al llegar a Logroño encontraron resistencia por lo que pusieron sitio a la ciudad del Ebro. Los logroñeses se defendieron con valor hasta consumir todos sus alimentos, sólo quedaba vino en las bodegas y de noche, amparados en las sombras y burlando la vigilancia de los sitiadores, salían al Ebro a pescar, con lo que debieron alimentarse algún tiempo de peces y vino, hasta que llegaron tropas procedentes de Nájera que hicieron huir a los franceses. Esto ocurría el 11 de junio de 1521, festividad de San Bernabé, que fue proclamado patrón de la ciudad. Si acudes a la puerta de la muralla ese día los miembros de la Cofradía del Pez te darán un pez, un jarro de vino de Rioja y un panecillo en recuerdo de aquellos logroñeses heroicos. El emperador Carlos vino a Logroño y concedió a la ciudad las tres flores de lis que luce en la orla de su escudo.

Puente de Hierro

Corría el año 1880 cuando reparaban el viejo Puente de Piedra, el de los 14 ojos, y una barcaza que transportaba soldados del Regimiento de Infantería de Valencia zozobró provocando la muerte de 90 mozos; ante tan trágico suceso el riojano Sagasta, entonces presidente del Consejo de Ministros, consigue para Logroño el Puente de Hierro, que obligó a abrir la calle Sagasta, costó unas 900.000 pesetas y se inauguró a finales de 1882.

cular y atrevida bóveda. Su Retablo Mayor, de mediados del XVII, narra distintos momentos de la vida de Santiago, además de la Asunción, el Calvario y la Virgen de la Esperanza, patrona de la ciudad; retirado del retablo, a la izquierda, está el relicario de templete. A la derecha está el Archivo de la ciudad, que guardaba los libros del concejo; a toque de sus campanas se abrían y cerraban las puertas de la muralla. La torre (1560 - 1573) se sitúa junto a la portada y hoy sólo conserva cinco cuerpos cuadrados, haciendo el último de campanario; el chapitel que la remataba se desmontó en 1902 por amenazar ruina. Y si os apetece podemos dar un paseo por el **Parque del Ebro**. Atravesando la calle Sagasta, continuación del Puente de Hierro, nos dirigimos a **Ruavieja** donde hallaremos la **casa gótica** (una de las más antiguas) y la Reja Dorada, donde vivió doña Jacinta y acudía el teniente Espartero a cortejarla, aunque dicen que el padre de la joven no veía con buenos ojos aquellos amores; pero el tiempo transcurrió, Espartero marchó a las Américas con el ejército del general Morillo y a su regreso era general de brigada. Doña Jacinta Martínez de Sicilia y Baldomero Espartero salieron de la Reja Dorada pisando una alfombra que llegaba hasta la puerta norte de la Redonda donde se casaron. Luego veremos en la **calle Mayor** dos escudos de la ciudad uno anterior a 1521 y otro posterior, la clave está en la orla: uno tiene 8 cruces de San Andrés y el otro 3 flores de lis (fíjate en los números 77 y 83). Vamos buscando una torre distinta, una pirámide octogonal con ventanas apuntadas en la parte baja, que daban luz a la primitiva iglesia; estás en **Santa María de Palacio**, iglesia en la que debes contemplar el Retablo Mayor, acabado en 1561 por Arnao de Bruselas (también trabaja en el de Alberite, ver ruta 4); tiene una deliciosa Última Cena, no le faltan atlantes y cariátides que intentan sostener el retablo, potentes columnas y claras influencias del Miguel Ángel en el resto de santos y relieves. En la nave de la izquierda hay un Cristo crucificado, también de Arnao, encargado por la Cofradía de las Animas, siendo una de las piezas más bellas de la Semana Santa logroñesa. Preside la sala capitular una Virgen románica de transición tallada en piedra y policromada. No debemos olvidarnos del claustro. Nos despedimos de San Nicolás de Bari, el santo más visitado, y nos diri-

Iglesia de San Bartolomé.

gimos a la **Iglesia de San Bartolomé**, que tiene cabecera románica con bóveda de horno, aunque a partir de ahí sigue la construcción en estilo gótico, sin la luminosidad del arte ojival (fíjate bien en este detalle), tan oscura como las románicas, con tres naves y un pequeño coro alto del XVI. A los pies del templo hay una capilla con dos sepulcros góticos adornados con gabletes. La portada es magnífica del XIV y cuenta, como en un tebeo, la vida de San Bartolomé. Fíjate en este detalle curioso: En las archivoltas hay dos ángeles de rostro travieso que portan una corona que parece van a colocar al Padre Eterno, pero debajo no está el Padre Eterno, sino una ventana ojival. La explicación a semejante incógnita es que cuando construyeron el coro, se dieron cuenta de que carecía de luz y no se les ocurrió mejor idea que abrir una ventana en la portada y rebajar al Padre Eterno y a las figuras que le acompañan. La torre de San Bartolomé surge desde la cabecera de la iglesia y estaba construida con piedra de sillería; pero durante el sitio de 1521 hizo las veces de atalaya por hallarse junto a la muralla y los soldados franceses la dejaron muy maltrecha; se reconstruyó con ladrillo en estilo mudéjar utilizando azulejos para su decoración (si miras con catalejos los verás bien). Desde San Bartolomé y antes de llegar a la Judería vemos a la derecha un sólido edificio de cuatro plantas, que el Colegio de Ingenieros ha rehabilitado. Tiene además buhardilla con solana, dos bodegas de piedra sillar en los sótanos y sala de exposiciones en la planta baja. En un minuto llegamos a la calle Rodríguez Paterna, antes llamada Villanueva (ciudad nueva reconstruida en 1391 por los judíos tras el incendio provocado por los cristianos); esta calle con otras siete: Yerros, Hospital Viejo, la Brava, el Horno, los Baños, San Roque y San Gil formaban la judería logroñesa.

Zona peatonal.

ITINERARIO 2.
EL CASCO NUEVO

Iniciamos este segundo recorrido en la calle Bretón de los Herreros, donde no faltan modernas cafeterías con sus terrazas, también está presente el **Teatro Bretón**, con su hermosa fachada, recordando al gran dramaturgo riojano y ofreciendo teatro y espectáculos; casi enfrente, en la casa del Tívoli, una placa recuerda el nacimiento del gran oftalmólogo doctor Castroviejo. Caminamos hasta el **Paseo del Espolón** donde se alza sobre un podio la estatua ecuestre del general Espartero, cuyo caballo es tan famoso por sus atributos, como lo fue el general por sus hazañas en el campo de batalla. Tiene bellos jardines el paseo, un Kiosco de la Música con Oficina de Turismo detrás de la hermosa concha que arropa a los músicos. Enfrente hay dos palacetes: Palacio del Gobierno Riojano, con estatuas de bronce de Gonzalo de Berceo y del Marqués de la Ensenada y el edificio que recuerda al Gran Hotel, bellamente reconstruido y adaptado a los nuevos tiempos; a su derecha (nº 7 de Vara de Rey/Calvo Sotelo) se alza la Casa del Torero construida en 1939 por el arquitecto Agapito del Valle. Continuando hacia la **Glorieta del doctor Zubía**, investigador que realizó el Herbario de La Rioja y escribió "Flora de La Rioja" que es el resumen de su obra; aquí encontramos la estatua de Sagasta rodeada de jardines.

Luego buscamos la avenida de la Paz llegando al **Monumento al Fuero**,

Estatua ecuestre de Espartero en El Espolón.

obra de los escultores Dalmati y Narvaiza que labran la figura de Alfonso VI que lo concedió el año 1095 para defender la frontera de su reino frente a Navarra repoblando la ciudad y alrededores; en otro bloque de piedra se pueden ver a los logroñeses caracterizados por los oficios que desempeñaban. Enfrente la **Escuela de Artes y Oficios**, hermoso edificio de 1914 de los arquitectos Rubio y Mosteiro que combina el ladrillo, la piedra, el mosaico y la forja con verdadera maestría, y unos pasos más allá el **Ayuntamiento**,

Estatua de Sagasta

En la Glorieta del doctor Zubía se alza la estatua de Práxedes Mateo Sagasta, político riojano que alternó en el gobierno con Cánovas, realizado en bronce, de cuerpo entero y en actitud de dirigirse a un auditorio. La escultura tuvo una vida muy azarosa: un Logroño agradecido dedicó a Sagasta esta escultura, que colocó sobre un elevado pedestal frente a la actual puerta principal del viejo instituto, en cuya construcción tuvo mucho que ver don Práxedes; años después sus enemigos políticos debieron declararla «estatua non grata» y la desterraron fuera de la ciudad, al otro lado del Ebro, al final del Puente de Hierro que se construyó gracias a la intervención del político riojano. Y allí estuvo pacientemente, dirigiendo su discurso a los barbos del Ebro, hasta que un mal día unos cuantos tuvieron la idea de cortarle la cabeza y echarla al río; y así, sin cabeza, anduvo la pobre estatua por los almacenes municipales. Pasados varios años le hicieron una nueva cabeza y la volvieron a colocar en la Glorieta, aunque en lugar distinto; pero no habían acabado los problemas de la desafortunada escultura porque el 17 de marzo de 1991 apareció atada con cadenas a un árbol, como si fuera un vulgar bandido; menos mal que el apresamiento fue momentáneo y debido a las obras de la plaza.
Ahora está sobre un pequeño pedestal dirigiendo su discurso, como tantas veces hiciera en vida.

Ayuntamiento.

un conjunto de tres edificios de 1980, del arquitecto Rafael Moneo que trata de crear amplios y funcionales espacios interiores donde la luz esté presente y reviste de piedra el exterior en sintonía con otros nobles edificios de la ciudad. A vista de pájaro se pueden apreciar dos edificios en forma de escuadra, que se juntan prolongando en línea recta sus catetos, mientras las hipotenusas son las dos caras de una gran plaza; y el tercer edificio se asemeja a un gran piano de cola que alberga el auditorium municipal. Merece la pena su visita exterior e interior. Continuando por el bulevar de avenida de la Paz aparecen edificios de interés en los números 38, 40, 25... mientras lo recorremos hasta que una fuente, con diseño del escultor Daniel nos corta el paso y desde allí contemplamos el **Monumento al Fuero**, obra de Julián Gil colocado tras el noveno centenario. Giramos a la derecha por Padre Claret y otra vez a la derecha para llegar al nº 67 de Duquesa de la Victoria y ver el interior de la **Iglesia del Corazón de María** donde el hormigón, el hierro forjado, el vidrio y la madera se dan la mano para crear bellos espacios que cumplen su función litúrgia en el tiempo presente. Seguimos por Padre Claret hasta llegar a la plaza Joaquín Elizalde y girando a la izquierda la recorremos hasta el final donde hallaremos un anfiteatro en cuyo escenario hay un grupo de músicos que interpretan su melodía, aunque sus esculturas, a veces incompletas, parece como si despertaran de un sueño de piedra (del escultor Miguel A. Sáinz); desandando lo andado y siguiendo adelante, queda a nuestra izquierda el Mercado de los pimientos que funciona durante octubre y noviembre vendiendo los agricultores directamente a los consumidores; luego recorremos la plaza de las Chiribitas y girando a la derecha nos metemos por Calvo Sotelo y enseguida llegamos a la Peatonal o paseo de las 100 tiendas (Calvo Sotelo, Ciriaco Garrido, Doctores Castroviejo

Calle asoportalada.

Calle junto a la Catedral.

y Juan XXIII). Buen lugar para tomar fuerzas con un café y una pasta, o un Rioja y una tapa antes de disfrutar de ese ciento de tiendas. En Jorge Vigón está el **Monumento al Labrador**, escultura de un hombre grande, de campo, de cabeza pequeña y boina, obra de los escultores Dalmati y Narvaiza, que ve el ir y venir de las gentes que pasean y van de tiendas (al final de la calle hay varios pubs); luego está Vara de Rey, después Gran Vía con infinitas tiendas, cafeterías y terrazas bajo soportales que se orientan a mediodía; y no podemos olvidarnos de San Antón y la peatonal de García Morato, y si todavía

queréis más, seguid por Pérez Galdós y aterrizáis en la plaza Primero de Mayo. Logroño tiene tantas tiendas que te encantará ir descubriéndolas; Logroño es ciudad ideal para vivir sin agobios, disfrutando de la vida, de sus lugares, de su buena gastronomía y llevándote el sabor de sus buenos productos: vinos, conservas, embutidos, fardelejos, mazapanes...

RUTAS POR LA RIOJA

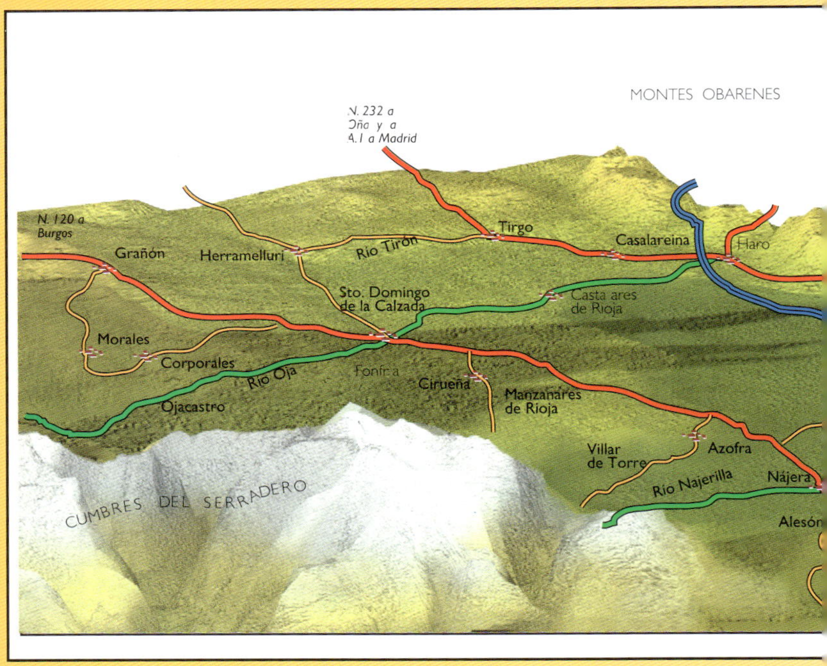

RUTA 1:
CAMINO DE SANTIAGO RIOJANO

Corría el año 813, reinando en Asturias Alfonso II el Casto y en Francia Carlomagno, cuando por revelación divina descubren la tumba de Santiago. El obispo Teodomiro reconoce al apóstol y da cuenta al rey, quien manda construir la primera iglesia. La noticia del hallazgo se propaga por toda Europa y la profunda fe de los hombres y mujeres medievales, unida a la devoción por las reliquias, provoca una riada de peregrinos, que dejando tierras y casas echan a andar por países extranjeros para venerar a Santiago; estos peregrinos santiagueros al caminar hacia Galicia dibujaron el Camino: por Roncesvalles y Somport atravesaban los Pirineos y en Puentelarreina se unían los dos caminos para ser uno hasta Compostela. Ataviados de forma que el tiempo acabó de uniformar: abrigo con protección de cuero, sombrero, bolsa de piel, bordón, calabaza y vieira les dio un aspecto que era como un salvoconducto que les facilitaba la caridad de hospitales, monasterios y gentes piadosas; hoy mismo: botas de caminante, bordón, mochila, visera, cantimplora y vieira es sinónimo de santiaguero. Dejando bien claro que la fe de los cristianos movió a los peregrinos de toda Europa hacia Galicia, es preciso explicar que otros incentivos más elementales que la fe desplazaron a toda una fauna compuesta por pedigüeños, que se aprovechaban de la caridad del Camino; bandidos, que utilizaban la vestimenta santiaguera para esconderse de la justicia; abusones, que se ponían dos veces a la fila de la sopa boba en alberguerías y hospitales; vendedores de escapularios y piedras maravillosas capaces de curar todos los males; prostitutas dispuestas a ofrecer sus encantos al más virtuoso de los hombres; ladrones a la caza de la bolsa de los peregrinos; juglares que recitaban larguísimos romances heroicos y amorosos; asesinos que matarían a cualquiera para dejarlo desnudo; amén de canteros, herreros, escultores, pintores, doradores... que buscaron trabajo a lo largo del Camino y ayudaron a construir iglesias, puentes, monasterios, hospitales...
Para recorrer esta ruta por carretera debes seguir la N-120; pero si decides viajar a pie o en bicicleta, sigue las flechas amarillas.

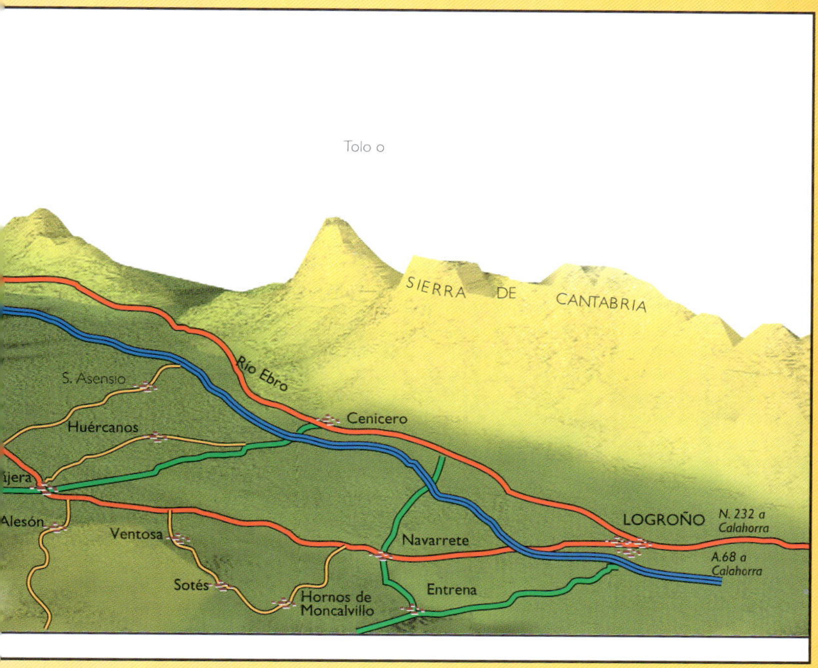

INFORMACIÓN PRÁCTICA

LOGROÑO

Albergue de peregrinos Ruavieja, 32 ☎ (941) 26 02 34.

(El resto de la información de Logroño está en los itinerarios por Logroño).

FUENMAYOR

(Ver Ruta 6)

NAVARRETE

Ayuntamiento Ctra. Entrena s/n. ☎ (941) 44 06 55.

Iglesia Nª Sra. Asunción Mayor alta, 51 ☎ (941) 44 00 17.

Albergue peregrinos Calle Santiago. 43 camas.

Centro de Salud Ctra. Entrena, 7 ☎ (941) 44 06 38.

Restaurantes:

El Molino Coso, 6. Cocina riojana, asados ☎ (941) 44 03 64.

La Carioca Prudencio Muñoz, 1. Platos caseros ☎ (941) 44 00 06.

Alojamiento:

Hostal La Carioca Prudencio Muñoz, 1 ☎ (941) 44 00 06.

Cámping Trascamp

Ctra. Entrena km. 1,5 ☎ (941) 44 01 69.

Alfareros:

Corzana Ctra. Burgos ☎ (941) 44 03 82.

El Torero Ctra. Burgos ☎ (941) 44 04 71.

Fajardo Ctra. Logroño ☎ (941) 44 04 76.

Naharro Ctra. Burgos ☎ (941) 44 01 57.

Torrado Ollerías, 1 ☎ (941) 44 00 40.

Cantero:

Duro Cubillo, 12 ☎ (941) 44 03 19.

Bodegas:

Cooperativa Ctra. Entrena ☎ (941) 44 06 26.

Corral Ctra. N-120, km. 10 ☎ (941) 44 01 93.

Hermanos Hurtado Ctra. Burgos 53 ☎ (941) 44 00 31.

Montecillo Ctra. Fuenmayor, km 2 ☎ (941) 44 01 25.

Navajas Belgarauz, 2 ☎ (941) 44 01 40.

Valdelacierva Ctra. Burgos, km 13 ☎ (941) 44 01 03.

SOTÉS

Ayuntamiento Marqués Castell Florite, 1 ☎ (941) 44 17 00.

Iglesia de San Martín Iglesia, 1 ☎ (941) 44 17 40.

Bodega Angel Velasco Cuevas Altas, 10 ☎ (941) 44 17 85.

VENTOSA

Ayuntamiento Mayor, 2 ☎ (941) 44 18 36.

Cosechero Santiago Pérez. Camino de Santa Eulalia.

HUÉRCANOS

Ayuntamiento García Baquero, 15 ☎ (941) 37 10 86.

Iglesia de San Pedro Pza. España, 12 ☎ (941) 37 11 59.

Bodega Cooperativa Del Medio, s/n. ☎ (941) 37 10 66.

Restaurante Venecia San Pantaleón, 24. Cocina riojana ☎ (941) 31 11 12.

ALESÓN

Ayuntamiento Mayor, 5 ☎ (941) 36 91 15.

Iglesia de San Martín Mayor, 11 ☎ (941) 36 01 46.

Restaurantes:

El Campillo. Ctra. Logroño-Burgos km 23. carnes a la brasa. ☎ (941) 36 37 06

San Andrés Ctra. Logroño Burgos km. 22 Cocina riojana. ☎ (941) 36 90 31.

NÁJERA

Ayuntamiento Pza. España, 1 ☎ (941) 36 36 16.

Monasterio Sta. Mª la Real Pza. Sta. María ☎ (941) 36 36 50.

Iglesia Santa Cruz San Prudencio, 6 ☎ (941) 36 01 46.

Albergue de peregrinos Monasterio Santa Mª la Real Pza. Sta. María.

Oficina Turismo El Carmen s/n. ☎ (941) 36 16 25.

Centro de Salud Av. La Rioja, 5 ☎ (941) 36 09 75.

Museo de Nájera Pza. Navarra, 12 ☎ (941) 36 23 13.

Festivales de Nájera 2ª quincena julio y 1ª semana agosto.

Bodega Cooperativa Ctra. Burgos ☎ (941) 36 02 45.

Restaurantes:

Bodegón la Judería. Constantino Garrán, 13. Menestra. ☎ (941) 36 11 38

Duque Forte Paseo San Julián, 13. Cazuelitas riojanas ☎ (941) 36 37 84.

El Mono Mayor, 42. Buena cocina riojana ☎ (941) 36 30 28.

El Rey Guindalera, 3 ☎ (941) 36 35 39.

Fabián Av. de La Rioja, s/n. ☎ (941) 36 07 66.

Hispano II Pº San Julián, 10. Cocina riojana ☎ (941) 36 29 57.

Los Parrales Mayor, 52. Comida casera, verdura ☎ (941) 36 37 06.

Río Baos Hotel S Fernando. Capacidad 200 personas ☎ (941)36 37 00.

Royalty II Pº San Julián, 2. Besugo, comida casera ☎ (941) 36 33 02.

Alojamiento:

Hotel San Fernando ** Pº San Julián, 1 ☎ (941) 36 37 00.

Hostal Hispano * La Cepa, 2 ☎ (941) 36 36 15.

Camping El Ruedo Pº San Julián, 24 ☎ (941) 36 01 02.

Compras: Muebles, la mayor exposición del norte de España.

Orza Las Viudas, 10. Cerámica, recuerdos ☎ (941) 36 23 12.

HORMILLA

Ayuntamiento Mayor, 2 ☎ (941) 41 78 01.

Iglesia de San Martín Pilares, 1.

Cosechero Francisco Fernández Ctra. Ollauri s/n. ☎ (941) 41 77 22.

Cosechero Segundo Arnáez Acosta, 15.

AZOFRA

Ayuntamiento Pza. España, 18 ☎ (941) 37 90 49.

Iglesia Nª Sra. Angeles Antonio Pérez, 13 ☎ (941) 37 90 63.

Albergue peregrinos Junto iglesia Hospitalera María ☎ (941) 37 90 57.

Restaurantes:

Camino de Santiago Mayor, 23. Buena cocina riojana ☎ (941) 37 92 39.

El Peregrino Pza. España. Platos combinados ☎ (941) 41 60 41.

BAÑARES

Ayuntamiento Pza. España, 10 ☎ (941) 35 01 11.

Parroquial Santa Cruz Iglesia, 7 ☎ (941) 35 00 32.

Camping de Bañares Av. Logroño, km 42 ☎ (941) 34 28 04.

Forja Julián Tofé Hermanos de Cura y Lope, 17 ☎ (941) 35 00 14.

SANTO DOMINGO DE LA CALZADA

Ayuntamiento Pza. España, 4 ☎ (941) 34 00 04.

Catedral Pza. del Santo ☎ (941) 34 00 33.

Convento de San Francisco San Francisco/Avda. Juan Carlos I

Albergue de peregrinos Mayor, 42 ☎ (941) 34 33 90

Oficina Turismo Trastamara, 74 ☎ (941) 34 33 34.

Representación de los Milagros del Santo Mediados de agosto.

Centro de Salud Margubete, 1 ☎ (941) 34 21 73.

Restaurantes:

Albert's Beato Hermosilla, 6. Menestra de verduras, ternera con setas ☎ (941) 34 08 27.

El Vasco Av. Generalísimo, 17. Corderito y besugo ☎ (941) 34 09 38.

Hidalgo Hilario Pérez, 10. Cocina riojana, postres caseros ☎ (941) 34 03 39.

Rincón de Emilio Bonifacio Gil, 7. Carta selecta, servicio esmerado ☎ (941) 34 09 90.

Génesis II Margubete, 4. Cocina casera ☎ (941) 34 33 03.

Mesón de los Caballeros Zumalacárregui, 56. Olla podrida, tarta del abuelito ☎ (941) 34 27 89.

Mesón del abuelo Pza. Alameda. Comida casera, tarta queso ☎ (941) 34 27 91.

Mesón Los Arcos Mayor, 68. Cocina riojana ☎ (941) 34 28 90.

Parador de Turismo Pza. Santo. Más de lo que imaginas por menos de lo que piensas ☎ (941) 34 03 00.

Río Echegoyen, 2. Cocina riojana. ☎ (941) 34 02 77.

Alojamiento:

Parador de Turismo **** Pza. Santo, 3 ☎ (941) 34 03 00.

Hotel El Corregidor *** Zumalacárregui, 14 ☎ (941) 34 21 28.

Hostal Santa Teresita ** General Mola, 2 ☎ (941) 34 07 00.

Hostal Río * Echegoyen, 2 ☎ (941) 34 02 77.

GRAÑÓN

Ayuntamiento Mayor, 1 ☎ (941) 42 06 85.

Iglesia de San Juan Bautista ☎ (941) 34 26 09.

Albergue de peregrinos Ermita de Carrasquedo ☎ (941) 74 60 00.

Festival de Luz y Sonido Mediados de agosto.

Restaurante Ermita de Carrasquedo ☎ (941) 74 60 00.

Panadería Josechu El Caño, s/n. ☎ (941) 42 06 70.

CASTAÑARES DE RIOJA

Ayuntamiento Mayor, 39 ☎ (941) 32 41 02.

Iglesia Expectación Nª Señora Mayor, 4 ☎ (941) 32 42 21.

Cámping de La Rioja Ctra. Haro km. 8,5 ☎ (941) 30 01 74.

Restaurantes:

Casa Palomo Mayor, 22. Menestra de verduras ☎ (941) 30 02 11.

La Balsa Ctra. Haro, 34. Cocina riojana ☎ (941) 30 01 06.

Los Martínez Mayor, 107. Cocina riojana ☎ (941) 30 02 36.

VILLALBA DE RIOJA

Ayuntamiento Carromaza, s/n. ☎ (941) 31 02 41.

Iglesia de San Pelayo ☎ (941) 31 09 92.

RUTA 1. EL CAMINO DE SANTIAGO

Los peregrinos, procedentes de la vecina Navarra, entran en Logroño por el Puente de Piedra y cruzan el Ebro mientras contemplan la silueta de la ciudad con las torres de sus iglesias pinchando el cielo azul, limpio y hospitalario como las gentes riojanas. Las flechas amarillas y las veneras encaminan tus pasos por la calle Ruavieja, que discurre paralela al río y es camino de santiagueros. A la derecha un arco de medio punto te obliga a parar para leer lo que está escrito en sus piedras: *Esta es la dichosa casa en la que vivió San Gregorio y murió en ella el año 1044 hallándose a su muerte Santo Domingo de la Calzada y San Juan de Ortega sus discípulos. Y a honra y gloria suya hizo hacer esta capilla don Alonso de Bustamante y Torreblanca, Regidor perpetuo de esta ciudad, cuyas son las casas y se acabó el año 1642.*

Mientras echas un rezo o contemplas el cuadro retablo y el escudo de los Bustamante, puedes leer la historia en la columna lateral de la página 51.

Puente de Piedra de Logroño.

Fuente del Peregrino. Logroño.

En el nº 32 de la Ruavieja encontramos un buen albergue de peregrinos donde pernoctar; pero la calle continúa y atravesando Sagasta llegamos a la Plaza de Santiago, llena de sabor santiaguero: la *Fuente del Peregrino* refresca la sed de los caminantes, obra de Juan Raón (1675) en forma de arco triunfal rematado por un frontón triangular; observa las conchas peregrinas.

En el suelo está el gran *Juego de la Oca* y sobre la puerta principal de la *Iglesia de Santiago* contempla un Santiago peregrino y más arriba un Santiago matamoros. A 20 metros de la iglesia, en la calle Santiago, una placa recuerda la casa donde vivieron los Hermanos Delhuyar, descubridores del wolframio, hoy pertenece a la Sociedad Gastronómica la Becada, donde los hombres guisan mientras las mujeres tienen prohibida la entrada a los fogones, pero no a los comedores donde disfrutan de los placeres de la buena mesa. Seguimos adelante por Barriocepo y atravesando el Arco del Revellín dejamos el casco antiguo y seguimos por la calle Comandancia, Trini-

San Gregorio en Logroño

San Gregorio era natural de Roma, obispo de la ciudad de Ostia y hombre virtuoso que llegó a Logroño el año 1038 por orden del papa Benedicto IX para ayudar a los agricultores riojanos y navarros a luchar contra la plaga de langosta que había arruinado sus cosechas. Gregorio recorrió en procesión los campos teniendo como discípulos a Domingo de la Calzada y Juan de Ortega y residiendo donde hoy está esta capilla hasta que hizo desaparecer la plaga. Luego marchó en peregrinación a Compostela acompañado de sus discípulos, pero al regreso unas fiebres acabaron con su vida el 9 de mayo de 1044 donde hay está la ermita. San Gregorio es el abogado de las plagas del campo y muy querido por los logroñeses.

Juego de la Oca

Las personas que colocaron este hermoso tablero debieron hacerlo con gran conocimiento; incluso situaron importantes puntos del Camino de Santiago que todavía hoy recorren los peregrinos: Puente la Reina, Eunate, Logroño, Navarrete, Santo Domingo de la Calzada, Sahagún... para terminar en Santiago de Compostela abrazando al Apóstol de Galicia. En cualquier caso ha sido un Camino de purificación para el cristiano, que seguramente después de recorrerlo se encuentra más cerca de Dios. Desde el año 813, en que aseguran apareció la tumba de Santiago, vienen realizando los cristianos la peregrinación; pero el Camino es mucho más antiguo. Antes incluso de aparecer el cristianismo recorrían las gentes parecido Camino, con otros símbolos, aunque con la denominación de *camino de las ocas salvajes* (el topónimo *Oca* está presente en muchos lugares) y por supuesto que no terminaba en Santiago (aún no existía la ciudad), sino en Finisterre (el final de la Tierra según las creencias de entonces) y era recorrido por los iniciados y por los que buscaban la perfección, porque el Camino es perfección y búsqueda.

Navarrete. Puerta del cementerio.

dad, Conde Superunda, Marqués de Murrieta y avenida de Burgos hasta la gasolinera y cogiendo a la izquierda por la calle Entrena, Camino de Entrena, cruzar la Circunvalación (hay un puente a la altura de Alcampo) y por la Colada de la Grajera llegas hasta el embalse. (Otros pueden coger avenida de Bailén, desde Trinidad, para seguir el Camino Viejo de Fuenmayor hasta Fuenmayor y de allí a Navarrete). La Grajera es un hermoso espacio natural con un embalse que se puede circundar caminando una hora, con especies de flora y fauna propias del lugar (pato, garza, trucha, anguila, anfibios, plantas subacuáticas, aneas, juncos, carrizos), áreas de esparcimiento, fuentes, aparcamientos, cafeterías, restaurantes... Te gustará. Andando, andando pronto veremos **Navarrete** y entonces, siguiendo el camino, un puente nos franqueará el paso al otro lado de la autopista y nada más bajar verás las ruinas de la ermita alberguería de la orden de San Juan de Acre; hemos consolidado las ruinas para que comprendas cómo era una alberguería que prestaba auxilio a los peregrinos del siglo XII; la puerta y sus dos ventanas las veremos al salir del pueblo, en el cementerio. Navarrete nos muestra su zona medieval donde las casas de ambos lados se juntan por encima de la calle y es que el caserío tiene organización medieval en torno a la ladera del monte y al amor de su castillo, hoy desaparecido. Bajo los soportales verás un capitel que muestra la lucha de Roldán y Farragut. De boca en boca transmitieron los peregrinos esta leyenda, tallada en piedra por tantos canteros medievales.

No dejes de visitar la Parroquial de la Asunción, que luce hermosa portada como un retablo de dos cuerpos y ático al lado de la torre, ambas del XVII de Pedro de Aguilera; en el interior destaca el Retablo Mayor, espectacular, en forma de hornacina con columnas salomónicas y una decoración barroca tan abundante que las imágenes quedan diluidas entre la hojarasca; el relicario de templete es también muy hermoso; en la sacristía se guarda un tríptico flamenco del XVI atribuido a Isembrandt. Navarrete es el pueblo de los alfareros, verdaderos artesanos del barro a los que podrás ver trabajar en el torno e incluso llevarte un recuerdo que decore tu casa. A la salida, junto a la carretera, está el cementerio con su portada románica, sus estrechas ventanas adornadas con delicados capiteles. Para que la visita tenga más encanto te propongo que busques un capitel donde dos peregrinos comen la merienda, y luego que encuentres las marcas que dejaban los canteros después de labrar los sillares (cada cantero tenía su señal y así se sabía cuanto trabajo realizaba y los lugares donde trabajó). Antes de irte del cementerio no te olvides de entonar una oración por Alice Craemer, peregrina que falleció en el año 1986 en Navarrete cuando se dirigía a Compostela. Y con el sabor del buen vino de las bodegas de Navarrete, echamos a andar y al poco hacemos como una hoz para visitar Sotés, Hornos y Ventosa. **Sotés** dedica su iglesia a San Martín de Tours, obispo francés del siglo IV, que popularizaron los peregrinos franceses; tanto en la portada, como en el Retablo Mayor aparece a caballo partiendo su capa con el pobre; además de San Martín tienen en Sotés un vino muy rico. **Hornos de Moncalvillo** está rodeado de abundan-

El primer peregrino
Quiero recordarte que por aquí pasó Godescalco, primer peregrino de nombre conocido y obispo de Le Puy (Francia), el año 950 acompañado de gran comitiva deteniéndose en el desaparecido Monasterio de San Martín de Albelda, en cuyo escritorio le copiaron un libro de San Ildefonso sobre la Virginidad de María y el copista, Gómez, nos lo cuenta en el prólogo; al regreso de Santiago recogió Godescalo el libro que llevó a Francia y hoy se conserva en París.

Puente de Piedra
El Puente de Piedra que tenía 12 arcos y se cita en 1095 en el Fuero de Logroño y se cree que fue reparado por San Juan de Ortega. Estaba defendido por tres torreones (los que aparecen en el escudo de la ciudad): el del lado de Navarra se alzaba sobre el 3º y 4º ojos, el central, más elevado, se apoyaba sobre el 7º y 8º ojos con piso superior que podía albergar 40 soldados para defenderlo desde tres ventanas y también disponía de puente levadizo; el otro torreón se apoyaba sobre el duodécimo ojo. Muchas roturas infligieron las aguas al puente a lo largo de los años, pero la crecida de 1871 fue tan terrible, que se aconsejó desmontar el viejo puente de 12 ojos y construir el actual con proyecto del ingeniero Fermín Manso de Zúñiga, con 7 ojos y la rasante más alta, terminándose en 1884.

Lucha de Roldán y Farragut

Un ejército de más de veinte mil moros, capitaneados por el gigante Farragut, había invadido Nájera apoderándose de su castillo. Cuando Carlomagno conoció la triste noticia, marchó en ayuda con sus huestes, pero al acercarse a la ciudad, el propio gigante sirio salió a su encuentro para desafiarlos en duelo. Uno a uno fueron cayendo los más valientes caballeros a los que encerraba el gigante en las mazmorras del castillo. Al fin recibió Roldán la bendición de Carlomagno y partió al campo de batalla que estaba sembrado con las armas rotas de los caballeros vencidos. «Te cortaré la cabeza, perro cristiano», gritó el gigante. «Con la ayuda de mi Dios, morderás el polvo», respondió Roldán empuñando su famosa espada *Durandarte*. La lucha era interminable, tres días llevaban y tuvieron que pactar varias treguas para descansar. Al atardecer del tercer día el gigante Farragut atrapó en un descuido a Roldán; su fuerza era tan grande, que las costillas del cristiano crujieron. Roldán ve que ha llegado su hora final y se encomienda al Cielo: «Ayuda, dadme fuerza». Y la ayuda llega, y recobra las energías, y lleva la mano derecha hasta la daga, y la empuña, y con brío la clava en el ombligo del gigante, su único punto mortal; y un chorro de sangre mana llevándose la vida de Farragut. Roldán da gracias a Jesús y a Santa María mientras los moros abandonan Nájera llevándose al gigante muerto.

Alfarería de Antonio Naharro, en Navarrete.

tes robledales, pinares y encinas junto a sabrosas especies micológicas: níscalos, lepiotas, champiñón... y no le falta una iglesia de la Anunciación con un Retablo Mayor en el que se ve muy clarito la mano de dos artistas bien distintos. **Ventosa** dedica su iglesia a San Saturnino, otro obispo francés (Saint-Sernin) que preside el Retablo Mayor. Andando, andando regresamos al Camino principal y vemos a la izquierda el Alto de San Antón y muy cerquita las ruinas del Convento de San Antón; más adelante está **Huércanos** con su iglesia de San Pedro, aunque celebra las fiestas de San Pantaleón el 27 de julio con traslado del santo, tortas de los cofrades, comida campestre y buen vino elaborado en su bodega cooperativa; en su término se halla el famoso Poyo de Roldán; es el pueblo que más religiosos ha dado: entre curas y monjas pasan de los 50. A la izquierda, **Alesón**, y casi a tiro de piedra está **Nájera**, la capital del mueble del norte de España; si buscas buen mueble y miras la peseta, no olvides Nájera, que nos recibe con fábricas y exposiciones de muebles por doquier en la ciudad nueva; el puente sobre el río Najerilla, construido por San Juan de Ortega, da paso a la ciudad vieja. Nájera ha sido capital de reino y corte de reyes, vio nacer a don García y a Alfonso VIII de Castilla (el de las Navas de Tolosa); presenció la lucha mortal entre Pedro *el Cruel* y su hermanastro Enrique de Trastamara; leyó las "Eróticas o Amatorias" que el poeta Villegas publicó en la imprenta najerina y recibió a Jovellanos cuando pasó por aquí. Los reyes de Nájera potenciaron la Ruta Jacobea dotándola de alberguerías, propiciaron la introducción de las ideas europeas, forzaron la sustitución del rito mozárabe por el romano y apoyaron la reforma de Cluny, que difundió el arte románico. El rey don García el de Nájera y su esposa Estefanía mandaron levantar el **Monasterio de Santa María la Real**, también enredado con la leyenda: Don García cazaba con halcón cuando la perdiz se ocultó en una cueva; la siguió y sorprendido encontró una imagen de la Virgen, una jarra con azucenas, una campana, una lám-

San Martín partiendo su capa en la iglesia de Sotés.

para encendida y las dos aves pacíficas. El rey quiso ver el presagio de su victoria contra los musulmanes; y cuando reconquistó Calahorra, mandó levantar un templo que fue consagrado en 1056; pero de aquella joya románica sólo queda la cueva, la Virgen y poco más. La actual iglesia, que forma una nave de cruz latina, es tardogótica del XV, y algunas partes del XVI. Tiene tres naves de distinta altura y la cabecera, vista desde el exterior da la sensación de una fortaleza por los contrafuertes cilíndricos que la protegen. El Retablo Mayor es barroco con columnas salomónicas, lleno de dorados y hojarasca para deslumbrar a los cristianos que se acercan a rezar; preside el retablo Santa María, la imagen que según la leyenda halló el rey en la cueva: sentada sobre un trono sostiene a su Hijo y porta un fruto en la mano mientras Jesús bendice; la ejecución de la imagen es deliciosa, está dorada y policromada, con pliegues en las ropas y la influencia parece bizantina. No dejes de ver la tapa del sepulcro de Blanca de Navarra, esposa de Sancho *el Deseado* y madre de Alfonso VIII, de cuyo parto murió en 1156; es un maravilloso trabajo que algunos investigadores atribuyen a Leodegarius, el maestro de la puerta de Sangüesa: Por un lado se nos muestra cómo unos ángeles llevan el alma de la difunta en medio de un grupo de plañideras y la desolación del rey entre los nobles, la Adoración de los Reyes y el Martirio de los Inocentes, Dios Todopoderoso dentro de la mandorla, los apóstoles, las vírgenes necias y las prudentes; es un delicado trabajo lleno de hermosura e ingenuidad propias del arte románico. La gran sillería del coro, al que se accede por una escalera de caracol, consta de treinta y seis sillas altas con respaldos de tracerías flamígeras y veintisiete bajas con respaldos de imaginería (en algunas), misericordias bajo los asientos con magníficas tallas de cabezas humanas (algunas muestran rostros de indios de la recién descubierta América) y de aves; tampoco falta el erotismo de los artistas reflejado en alguna talla. Toda la sillería está decorada con un dosel corrido que le presta elegancia. En el respaldo de la silla abacial aparece una talla del rey don García, vestido con rico atuendo guerrero. La calidad de la sillería es notable y fue realizada por los maestros Andrés y Nicolás, además de otras manos de influencia nórdica. El Claustro de los Caballeros es obra de gran belleza que conserva algunos elementos góticos, aunque la mayor parte es obra renacentista de la primera época. El claustro de un monasterio es lugar de paseo, descanso, sosiego y también de paso hacia casi todas las dependencias; pero además el Claustro de los Caballeros encierra una simbología: El patio del claustro representa el Paraíso, lugar al que todo cristiano aspira llegar después de la muerte; en su pozo de agua se cruzan cuatro caminos que representan a las cuatro virtudes. Por la gran puerta se debe entrar al Paraíso, aunque debemos merecerlo con las buenas obras de toda una vida; y para recordar a los monjes lo que no deben hacer, basta mirar las tracerías caladas, donde se representan la soberbia, la avaricia, la lujuria, la envidia, la gula, la ira, la pereza y el vínculo obligado que debe mantener el fraile (María Ángeles de las Heras investigó con mucho detalle el significado de las tracerías caladas de Santa María la Real ¡Qué Dios la tenga en el Paraíso!). El mensaje del cantero escrito en esa blonda de piedra que decora y ennoblece el claustro es sencillamente maravilloso y no conozco otro claustro que posea semejante rareza; pero también resulta penoso encontrar muchos santos descabezados desde la Guerra de la Independencia en que la soldadesca francesa los decapitó con los proyectiles de su incultura. Nada más dejar Nájera, a nuestra derecha divisamos **Hormilla**, que también dedica su iglesia al obispo francés San Martín de Tours, quien preside el retablo mayor; buen vino y buenos paseos se pueden dar hacia la antigua calzada romana y hacia la balsa de Valpierre. El camino continúa y llegamos a **Azofra**, que ya contaba con hospital y cementerio de peregrinos en el siglo XII; La iglesia de Nuestra Señora de los Angeles coloca en su retablo un Santiago peregrino; buen vinillo y buena comida; no dejes de beber en la Fuente de los Romeros. Azofra acoge a los santiagueros en un albergue que se hizo gracias al empuje de unos peregrinos de Colonia; a la salida del pueblo y al borde del Camino hay un gran rollo, que advertía a los delincuentes que si trasgredían las leyes de la justicia podían dar con sus huesos en la picota. Siguiendo el Camino a mano derecha aparece **Hervías**, el pueblo natal del Marqués de la Ensenada al que dedican un monumento; tiene iglesia de la Asunción con retablo mayor dedicado a la patrona; es pueblo cerealista. Poco más allá se distingue **Bañares**, que dedica al cultivo de la patata más de 5.000 fanegas de tierra. Varias joyas tiene Baña-

Claustro de Santa María la Real de Nájera.

Imagen de Santa María la Real de Nájera.

res: la ermita de Santa María de la Antigua que hace unos años se trasladó, piedra a piedra, hasta su actual emplazamiento, es templo románico de fines del XII; sobre la puerta hay una Adoración de los Reyes, cuatro pares de columnas y archivoltas, sosteniendo el alero del tejado hay nueve canes y la puerta presenta forjas muy bien restauradas por el artista local Julián Tofé, al que vale la pena visitar para ver sus magníficas creaciones a base de golpear el hierro al rojo vivo. Otra de las joyas es la iglesia de la Santa Cruz, bello edificio de sillería con hermosos pórticos al norte y sur; delicado Retablo Mayor sin dorar, lo que permite ver el trabajo de los tallistas y finalmente la Arqueta de San Formerio, obra del siglo XIV cubierta de esmaltes sobre cobre. Echamos a andar y cerca de Santo Domingo hallaremos santiagueros que han peregrinado también a los monasterios de San Millán pasando por los pueblecitos de **Villar de Torre**, **Manzanares de Rioja** y **Cirueña** donde hay un gran robledal de cerca de cien hectáreas. Al fin llegamos a **Santo Domingo de la Calzada**, uno de los lugares más importantes de la Ruta Jacobea, ciudad que nació para auxiliar a los romeros por un santo ermitaño, que dejó de serlo para dedicar su vida a los peregrinos: construyendo puentes y arreglando caminos; levantando un hospital para aliviar los males del cuerpo, erigiendo una iglesia para ayudar al espíritu, haciendo infinidad de milagros en vida; y por añadidura en Santo Domingo se produce el milagro del ahorcado, el más famoso milagro del Camino Compostelano. La dedicación a los peregrinos emprendida por el Santo Abuelito, como le llaman cariñosamente, la continúa hoy la Cofradía del Santo. Al llegar a la ciudad, verás un rollo cívico de fuste robusto. Me gusta entrar a la ciudad por medio y atravesarla toda, caminar por su Espolón y llegar hasta el Convento de San Francisco, fundado por fray Bernardo de Fresneda, obispo y confesor de Felipe II, para que le sirviera de mausoleo, y en el centro del crucero está enterrado; tres excelentes artistas trabajaron en el retablo y mausoleo: García de Arredondo, Hernando de Murillas y Rodríguez de San Pedro, quienes se repartieron a suertes los trabajos que debían hacer y la estatua yacente de fray Bernardo le tocó a Arredondo. En los edificios del convento está el Taller de Restauración. Allí mismo tenemos las murallas que rodeaban la ciudad y las seguimos hasta el ayuntamiento, lugar por donde atravesamos la muralla para entrar en esa plaza espléndida, porticada, llena de edificios de piedra y desde donde contemplamos la más interesante imagen de la catedral: cabecera de la iglesia llena de capiteles y canecillos labrados por expertos canteros del siglo XII;

Puente de Santo Domingo de la Calzada.

levantando un poco la vista descubrimos los contrafuertes volados, sabiamente creados por los constructores góticos; y completa la postal la parte más bella de su torre barroca. Entra en la catedral y entona una oración si eres creyente y, en todo caso, disfruta del arte, la historia y la leyenda. No dejes de ver el claustro con su pozo y su olivo; llamará tu atención la estrechez de las naves laterales, pero es que la planta de la catedral es románica, aunque más tarde se construyó a la manera gótica, renacentista y acabó teniendo torre barroca. Recorre su girola (detrás del altar) sin prisa, busca en la Capilla Mayor al rey David tañendo un instrumento que no es el arpa, y que te digan dónde está la Trinidad (verás que original); observa a cierta distancia la Capilla Mayor: un románico tardío hasta media altura, y con tribunas; renacentista de mitad hacia arriba, con ventanales que dan abundante luz y una bóveda deliciosa. A la izquierda está la sacristía y en el crucero norte, el **Retablo de Forment**, la joya de los retablos; Damián Forment, después de trabajar en Huesca, Zaragoza y Poblet llegó a Santo Domingo de la Calzada para crear su obra maestra, extraordinaria, maravillosa, seguro que es uno de los mejores retablos que has de ver: En el pie, donde se apoya el retablo, labra en blanquísimo alabastro a Domingo liberando a los cautivos y repartiendo la caridad junto a seres fantásticos extraídos de la mitología clásica; levanta los ojos hasta

Típico pastel de Santo Domingo de la Calzada, llamado "ahorcadito".

Torre barroca, Santo Domingo y retablo catedralicio de Damián Forment.

el banco y mira a Jesús caído con la Cruz a cuestas y un soldado que le da una patada (escena que se repite con gran similitud en Ojacastro, Castañares y Villalba), la escena central donde aparece Cristo muerto con el dolor de María y otras personas la doró y policromó Andrés de Melgar como examen impuesto por el maestro Forment antes de ser contratado para todo el retablo y quedó muy satisfecho; en el primer piso destaca en el centro la imagen del Salvador, rodeado de un coro de ángeles y teniendo a su derecha a Santo Domingo (parece que esta imagen la presentó Forment al

El gallinero de la catedral de Santo Domingo de la Calzada.

cabildo catedralicio para mostrar su arte); en el segundo piso aparece la Asunción entre la Adoración de los Pastores y la Resurrección; y en el último piso no se olvida de un expositor para el Santísimo, que aparece en casi todos sus retablos; y en el ático hizo algo genial, distinto a todo lo anterior, jugó con la luz que penetraba por los ventanales para crear una atmósfera celestial como remate del retablo repartiendo las imágenes por todo el espacio en el que caben a izquierda y derecha las de Adán y Eva. Además hay un espectacular despliegue de dragones, centauros, esfinges, ninfas, pegasos, sátiros, unicornios... todos elementos mitológicos distribuidos por zócalos y frisos para ayudar a crear una obra genial y extraordinaria. Muerto Forment en 1540, sus discípulos siguieron haciendo retablos por La Rioja y me gustaría invitarte a que visites los retablos mayores de Grañón, Castañares de Rioja, Villalba de Rioja y el Retablo del Abrazo de Ojacastro; si te gustan

El milagro del ahorcado

Un matrimonio con su hijo, guapo mozo, peregrinaban a Compostela y en la posada donde se hospedaron había una sirvienta que se enamoró del joven y como él no le correspondió, tomó venganza y mientras dormía, metió en su bolsa una taza de plata de la posada. Cuando los peregrinos reanudaron el camino, la sirvienta comunicó al posadero la falta de una taza que debían haber robado los peregrinos que acababan de marchar. Alcanzaron a los santiagueros, les preguntaron por la taza y registraron al padre, a la madre, y al hijo encontrando al fin la taza en la bolsa del joven. Hicieron volver al peregrino, lo llevaron ante la justicia y fue condenado a la horca. Los padres con lágrimas en los ojos continuaron su peregrinación a Santiago, y de regreso a su país, al pasar por Santo Domingo de la Calzada, fueron a la horca para ver a su hijo muerto y rezar a Dios por su alma.
(sigue)

(viene de la columna anterior)
Al llegar al cadalso rompieron a llorar; pero el joven estaba vivo y les pidió que no llorasen más, porque desde que lo ahorcaron un ángel lo había sostenido por los pies para que no muriese. Los padres pidieron al juez que bajase de la horca a su hijo porque estaba vivo, pero el juez no lo podía creer; como los padres insistían afirmando que era cierto, el juez, que estaba a punto de comer y tenía en el asador un gallo y una gallina asados, dijo que creería que el peregrino estaba vivo cuando aquellas aves que había en el asador, cantasen, y en aquel momento el gallo y la gallina salieron del asador y cantaron. Desde entonces se dice en La Rioja:

Santo Domingo
de la Calzada,
que cantó la gallina
después de asada.

El juez fue a la horca y comprobó que el peregrino estaba vivo. Ante el milagro ocurrido la sirvienta confesó la verdad y fue ahorcada. Desde entonces hay en la catedral un gallo y una gallina completamente blancos.

Procesión de las Doncellas en Santo Domingo de la Calzada.

los retablos puede ser una deliciosa excursión contemplar los cinco, comparando sus semejanzas y disfrutando de su encanto y maravilla. Siguiendo el recorrido catedralicio hallamos una delicada imagen flamenca del siglo XV de la Verónica, la siguiente capilla es muy hermosa, con una verja de hierro repujado y un sepulcro atribuído a Felipe Vigarny el Borgoñón. En la capilla de San Juan Bautista (nave lateral derecha) hay un espléndido retablo del XVI con pinturas y esculturas, pero todavía conserva la decoración gótica. Luego están las nueve tablas pintadas por Andrés de Melgar y Alonso Gallego con los más famosos milagros del Santo. El coro es una magnífica obra renacentista cuya sillería está labrada por Andrés de Nájera, Guillén de Holanda y Natuera Borgoñón. Y ahora quiero que te fijes en algo espectacular: un gallinero con un gallo y una gallina que cantan en la catedral; hace siglos corrían libres por el templo, pero como eran perseguidos por los peregrinos para llevarse una pluma de recuerdo, les construyeron este hermoso gallinero; si te fijas verás que la piedra de la que arrancan los barrotes está desgastada porque los santiagueros metían el bordón entre los barrotes para jalear a las aves, que revoloteando soltaban plumas y así los peregrinos seguían llevándose la pluma de recuerdo; pero tú te preguntarás por qué hay un gallo y una gallina en la catedral. Te contaré el más famoso milagro de la Ruta Jacobea y lo comprenderás: mira en las columnas laterales de las páginas 61 y 62.

Todavía se conserva en la catedral un trozo del madero en el que ahorcaron al joven peregrino. Bajando unas escaleras se llega a la cripta donde reposan los restos de Santo Domingo de la Calzada dentro de un sepulcro en cuya tapa está labrado por canteros románicos del siglo XII el cuerpo yacente; el templete de alabastro que hay encima cobijando a Santo Domingo fue diseñado por Felipe Vigarny y realizado por Rasines. Frente a la catedral está el Parador Nacional de Turismo que debes visitar porque fue edificado en el antiguo hospital de peregrinos del Santo. En la misma plaza está la torre exenta realizada por Martín de Beratúa entre 1762 y 1769, del mismo estilo que las de la Redonda de Logroño o la de Briones, aunque más esbelta, por algo le llaman "la moza"; puedes subir hasta el campanario y también visitar la ermita del Santo. Toda la ciudad celebra las fiestas del Santo del 25 de abril al 13 de mayo, siendo muy interesantes por su originalidad y antigüedad; la Cofradía del Santo atiende el mejor albergue de peregrinos de toda la Ruta Jacobea, pues en sus estatutos se fija como objetivo atender a los peregrinos. Existe en Santo Domingo un típico pastel que es el *ahorcadito*, que se vende en la pastelería. Si vienes a mediados de agosto, no te pierdas las representaciones de los milagros del Santo. Al salir de Santo Domingo cruzamos el puente sobre el río Oja, vemos la ermita del Puente y poco antes de llegar a **Grañón** encontramos a la izquierda de la carretera la Cruz de los Valientes, que recuerda la lucha medieval, en Juicio de Dios, entre un representante de Santo Domingo y otro de Grañón por la posesión de una finca; triunfó Martín García de Grañón por el cual se ha rezado un padrenuestro en la misa mayor

Batalla de Clavijo

Para acceder a Clavijo desde Logroño atravesamos Villamediana, subimos hacia La Unión teniendo enfrente la Peña Clavijo y a ambos lados de la carretera: olivos, almendros, viñedo y cereal. Enseguida descubrimos la pétrea silueta del castillo, con su muralla alargada que se refuerza con torreones cilíndricos, lo que queda de la torre del homenaje y un arco que delata la procedencia musulmana de sus constructores. El castillo de Clavijo debió de formar parte de una línea defensiva árabe junto con las fortalezas de Nájera, Viguera, Ocón, Arnedo y Cervera del río Alhama. En los campos cercanos a esta fortaleza, según la leyenda, se produjo la famosa Batalla de Clavijo hacia el año 844 entre el rey asturiano Ramiro I y el emir de Córdoba por negarse los cristianos a pagar el Tributo de las cien doncellas; parece que en tierras de Albelda se libró el primer combate del que los cristianos no salieron muy bien parados, retirándose al monte Laturce; dicen que en sueños tuvo el rey cristiano la revelación de la esperada victoria y cuando reanudaron la lucha, asegura la leyenda que el apóstol Santiago montado sobre blanco caballo y blandiendo larga espada ayudó a los cristianos hasta conseguir la victoria. Cuando oigas nombrar a Santiago matamoros, ya conoces el motivo.

Vista de Grañón.

del domingo hasta hace poco. Grañón es pueblo cerealista con abundante caza (conejo, perdiz, jabalí), hermosa iglesia de San Juan Bautista con maravilloso Retablo Mayor realizado por los discípulos de Forment (Bernal, Natuera y Beaugrant) y una excelente torre neoclásica de fines del XVIII. A mediados de agosto celebran un bello espectáculo de luz y sonido. Buenas pastas hornean en la panadería y saliendo del pueblo hacia Carrasquedo llaman ermita de judíos a un templete de crucero de arcos cerrados. La ermita de Carrasquedo nos recibe entre bellos robledales que invitan a dar reconfortantes paseos disfrutando de la naturaleza o una comida campestre

Interior de la iglesia de Grañón.

Castillo de Clavijo, sobre la localidad.

pues dispone de mesas y asadores; la ermita luce una bella portada y un retablo barroco en forma de hornacina. Acaba de inaugurarse un espléndido albergue de peregrinos que además dispone de cafetería y restaurante. Cerquita de Grañón queda **Villarta Quintana**, que dedica su iglesia a Santa María la Mayor.

A Clavijo se viaja desde Logroño para ascender a su antiquísmo castillo, para rememorar la batalla de su nombre y para visitar una pequeña iglesia de la Asunción, del XVI con retablo mayor del XVII, una ermita de Santiago a la que se llega por una empinada cuesta y las ruinas del monasterio de San Prudencio del monte Laturce (lo visitaremos en la ruta 5, ascendiendo fácilmente por la vaguada; desde Clavijo hay un bello camino en primavera, pero presenta cierta dificultad de acceso).

LR: 113 a Barbadillo de Herreros
PICOS DE URBIÓN
Salineros
San Lorenzo
San Cristóbal
Urbaña
SIERRA DE LA DEMANDA
Chilizarrias
Los Butrones
SIERRA DE SAN LORENZO
Río Oja
Monasterio de Valvanera
Valle de Valvanera
SIERRA DE PRADILLA
PEÑAS DEL ORO
Pazuengos
Valle de San Millán
Fonfría
Anguiano
Arroyo Tobía
MONTES DE SUSO
Río Najerilla
Monasterio de Yuso
Monasterio de Suso
San Millán de la Cogolla
Villaverde de Rioja
Estollo
Berceo
Bobadilla
Baños de Río Tobía
Cárdenas
Badarán
Villar de Torre
Cañas
Canillas de Río Tuerto
Cordovín
Alesanco
Azofra
Nájera
Sto. Domingo de la Calzada
N. 120 a Logroño
N. 120 a Burgos

RUTA 2: LOS MONASTERIOS

Comprende este recorrido los municipios de: Cárdenas, Badarán, Cordovín, Alesanco, Canillas de río Tuerto, Cañas, Berceo, San Millán de la Cogolla, Lugar del Río, Estollo, Anguiano y Valvanera. La LR-205 va de Cárdenas a Badarán; LR-312 de Badarán a Cordovín y Alesanco; LR-206 de Alesanco a Canillas, Cañas, Berceo y San Millán; LR-421 hasta el Monasterio de Suso; continuación de la LR-205 hacia Lugar del Río y Urre; LR-331 de San Millán a Estollo y Villaverde; LR-113 a Anguiano y la LR-453 nos sube hasta Valvanera.

CÁRDENAS

Ayuntamiento. Plaza Caudillo, s/n.
☎ 36 70 07.
Iglesia Asunción Nuestra Señora
☎ 36 73 28.
Zona Acampada: Monte Salamanchuri
☎ 36 70 73.
Cosecheros:
MARTÍNEZ BOBADILLA, BONIFACIO. El Rincón s/n.

BADARAN

Ayuntamiento. Plaza Conde Badarán, s/n. ☎ 36 70 01.
Iglesia Nuestra Señora Expectación
☎ (941) 36 70 18.
Restaurantes:
Asador Comercio. Real, 54. Cocina riojana, especialidad en postres caseros.
☎ (941) 36 70 29.
Cantinflas II. Real, 52. Cocina riojana, cazuelitas, terraza de verano.
☎ (941) 41 86 24.
Mesón Conde Badarán. Plaza Conde Badarán, s/n. Cocina riojana: pimientos rellenos, bacalao... ☎ (941) 36 72 57.
Bodegas y cosecheros:
DAVID MORENO Nueva, 1
☎ (941) 36 73 38.
LARREA MERINO, MIGUEL ÁNGEL Prado, 1 ☎ (941) 36 73 93.
PEDRO MARTÍNEZ ALESANCO José García, 20 ☎ (941) 36 70 75.

CORDOVÍN

Ayuntamiento. Plaza, 5.
☎ (941) 36 70 92.
Bodegas y Cosecheros:
BENÉS MANZANARES, ÁNGEL Y OTRO Ezequiel Moreno, 8 ☎ (941) 36 70 24.
BODEGAS CÉSAR DEL RÍO Villar, 13
☎ (941) 36 70 61.
BODEGAS FLORENTINO MARTÍNEZ Ermita, 33 ☎ (941) 41 86 14.
BODEGAS HONORIO RUBIO Real, 6
☎ (941) 36 73 43.
CAÑAS ESTEBAS, LORENZO
ESTEBAS CAÑAS, ABEL Ctra. Cordovín
☎ (941) 34 70 64.
LARREA ALESANCO, PRUDENCIO La Charca, 6 ☎ (941) 36 71 68.

ALESANCO

Ayuntamiento. Plaza Constitución, 6.
☎ (941) 37 90 05.
Iglesia Asunción de Nuestra Señora Constitución, 2 ☎ (941) 37 90 29.
Restaurantes:
Jauja. Mayor, 8. Cocina riojana y casera.
☎ (941) 37 90 07.
El Puente. Mayor, 3. Cocina casera riojana. ☎ (941) 37 90 31.
Compras:
Embutidos Lovall Mayor, 4
☎ (941) 37 90 41.
Bodegas y Cosecheros:
BODEGA COOPERATIVA Barrio Bodegas, s/n. ☎ (941) 37 90 24.
BODEGAS ARTOSE Barrio Bodegas, 5
☎ (941) 37 92 83.
DÍEZ BRAVO, ARTURO Pza. Mediodía, 5
☎ (941) 37 90 09.
RUIZ BENES, SANTIAGO
☎ (941) 37 91 32.
ZAUTUA ESPIGA, JESÚS

CAÑAS

Ayuntamiento. Real, 1.
☎ (941) 37 93 22.
Abadía cisterciense. ☎ (941) 37 90 83.
Artesanía:
Vajilla decorada, escudos de armas
Abadía Cisterciense ☎ (941) 37 90 83.

BERCEO

Ayuntamiento. Gonzalo de Berceo, s/n.
☎ (941) 37 30 17.
Iglesia de Santa Eulalia
☎ (941) 37 30 49.
Restaurantes:
San Lorenzo. Carretera San Millán, s/n. Cocina riojana. ☎ (941) 37 30 08.

Cámpings:
Cámping Berceo. Cuesta del Molino, s/n ☎ (941) 37 32 27.
Casas Rurales:
Casa Gonzalo. 6 plazas.
☎ (941) 37 31 32 - 25 74 15.
Casa Llorente. 6 plazas. Valvanera, s/n.
☎ (941) 37 30 92 - 22 65 38.
Casa Nestázar. 6 plazas.
☎ (941) 37 32 17.

SAN MILLÁN
Ayuntamiento. Mayor, 59.
☎ (941) 37 30 35.
Monasterio de San Millán de Suso. Horario de visitas: 10 - 14 y 16 - 19 (lunes cerrado).
Monasterio de San Millán de Yuso. Pza. Convento ☎ (941) 37 3 49. Horario de visitas: 10 - 13 y 16 - 19 (lunes cerrado).
Aula de la Lengua Castellana. Monasterio de San Millán. Congresos lingüísticos, filológicos, culturales. Pza. Convento ☎ (941) 37 32 59.
Restaurantes:
Asador San Millán
Prestiño, s/n ☎ (941) 37 32 77.
Las Glosas Prestiño, 2 Cocina regional en ambiente rústico; conejo al ajillo, chorizo al vino de Rioja.
☎ (941) 37 32 32.
Hostería del Monasterio Pza. Convento. Cocina riojana, marco distinguido; peras al vino, pimientos rellenos. ☎ (941) 37 32 77.
Hoteles:
Hostería del Monasterio.
Pza. Convento ☎ (941) 37 32 77.
Compras:
Embutidos Gloar. Mayor, 86
☎ (941) 37 30 39.
Productos riojanos Tienda el Pajar. Prestiño, 1 ☎ (941) 37 32 65.

ESTOLLO
Ayuntamiento. Pza. Ayuntamiento, s/n
☎ 37 30 31.
Iglesia de la Expectación de Nuestra Señora.
Vidrios artísticos y vidrieras Santiago Barrio ☎ (941) 37 31 94.
Casas Rurales:
Casa Monte Cabañares. 4 plazas. Travesía Cavera, 3 T 37 30 51.
Vidrieras Emplomadas
☎ (941) 37 31 94.

ANGUIANO
Ayuntamiento. Carretera, s/n.
☎ (941) 41 80 18.
Abadía de Valvanera. Ctra. Valvanera
☎ (941) 37 70 44.
Iglesia de San Andrés. Pza. Iglesia, 1
☎ (941) 37 70 36.
Restaurantes:
Hospedería Abadía de Valvanera. Ctra. Valvanera ☎ (941) 37 70 44.
La Cañada. Carretera, s/n. Cocina riojana casera ☎ (941) 74 50 03.
La Herradura. Carretera, s/n. Caparrones, cordero ☎ (941) 31 71 51.
Valdevenados. Carretera, s/n. Pimientos piquillo ☎ (941) 37 70 85.
Hoteles:
Hospedería Abadía de Valvanera. Ctra. Valvanera ☎ (941) 37 70 44.
Valdevenados. Ctra. Comarcal 113, s/n
☎ (941) 37 70 85.
Casas Rurales:
Casa Llaría. 4 plazas. Carretera, 2
☎ (941) 37 70 25.
Compras: Caparrones rojos, producto muy típico.
Paseos a caballo: Picadero Los Valles
☎ (941) 41 80 07.

RUTA 2. LOS MONASTERIOS

Como peregrinos antiguos, que se dirigen a San Millán de la Cogolla para venerar las reliquias del santo patrón de Castilla, marchamos por la N-120 siguiendo la misma ruta que los santiagueros compostelanos; no serán pocos los que hallaremos por el Camino. Pasado Navarrete y antes de llegar a Nájera nos desviamos a la izquierda como si fuéramos a Tricio. La villa de **Cárdenas** marca el inicio del valle de su nombre y en su término puede practicarse la pesca de trucha y la caza del conejo, liebre, perdiz, algo de codorniz y hasta acampar en buena zona. La mayoría de viñadores elaboran su propio vino (te gustará si lo pruebas), que suele superar las cien mil cántaras cada cosecha. Dedica su iglesia a la Asunción y en menos de lo que cuesta rezarle una salve te presentas en **Badarán** ("Vino, chorizo y pan", reza un cartel a la entrada), población que se asienta a lo largo de la calle Real, atravesada por los peregrinos de camino hacia San Millán. Además de los viñadores que elaboran un rico clarete, hay una bodega grande que se enseña a los turis-

Virgen de Cárdenas.

Aspecto de Badarán.

Dos aspectos del monasterio cisterciense de Cañas.

tas, y no viniera mal un toque refrescante en esta ruta de monasterios. Tienen interés algunas casas porticadas con blasón, además de la parroquial de la Expectación. Por Pentecostés se va en romería a Valvanera con reparto de pan y queso a cuenta de la cofradía y por vendimias hacen "arrope" cociendo el mosto a fuego lento hasta llegar a la cuarta parte y extendiéndolo sobre el pan es pura delicia; si se le añaden frutos secos y orejones sale un "mostillo" exquisito. Y con tan buen sabor de boca rodamos hacia **Cordovín**, pueblecito famoso por su clarete extraordinario, suave y de buen paladar que los cosecheros venden a los numerosos viajeros. Por San Cristóbal (10 de junio) celebran las fiestas patronales con partidos de pelota y danzas en la procesión; su templo cristiano luce planta de cruz griega y retablo rococó del XVIII. Rodando entre viñedos y tierras de cereal, patata y remolacha llegamos a **Alesanco**: Aquí recibió el bautismo el Marqués de la Ensenada y en la plaza, sobre un pedestal, se colocó la estatua de bronce que inmortaliza su figura y nos recuerda su importante obra; realizó la estatua el gran escultor cerverano Daniel, que contó con la amistad y las alabanzas de Picasso. También Alesanco goza de fama por sus vinos y elabora en la cooperativa más de tres millones de kilos de uva. Tiene canteras de alabastro con el que esculpió Damián Forment el sotabanco de la catedral de Santo Domingo de la Calzada; posee buena iglesia renacentista con bello retablo del XVIII y en la localidad se pueden probar los ricos embutidos de Lorenzo para hacer camino hasta **Canillas de río Tuerto**, pueblecito que luce una hermosa iglesia de San Martín, el santo que partió su capa con un pobre, y un lindo retablo, además de una casa palacio, financiados ambos edificios por los condes de Hervías. Y con la vista puesta en el monasterio cisterciense de **Cañas** no paramos hasta llegar a sus dominios. La fundación del monasterio de Santa María de Cañas tiene lugar en 1170 a expensas de don Lope Díaz de Haro,

Sepulcro de Doña Urraca en el monasterio de Santa María de Cañas.

noveno Señor de Vizcaya. La iglesia de monjas bernardas es de un gótico temprano que te maravillará: sencillo, austero, escaso de adornos, con las paredes diáfanas que permiten el paso de la luz a través de numerosos vitrales, llenando el templo y convirtiéndolo en una "Jerusalén Celestial", como gustaba al santo reformador Bernardo de Claraval. No dejes de ver la Virgen Grande, tallada y policromada en el XIII (observa en la peana los lobos de la familia López de Haro), ni el Cristo gótico del XIV. A los pies del templo un bello retablo renacentista, en forma de tríptico, muestra imágenes salidas de la mano del escultor Guillén de Holanda y pinturas de Alonso Gallego y Andrés de Melgar (está recién restaurado). En puertas y ventanas del claustro, que dan a la Sala Capitular hallarás toda la verdura del campo tallada en piedra por la sabia mano del cantero. Desde estas páginas te invito a que descubras, entre tan exquisita decoración vegetal, al vendimiador y al hombre que boca abajo lleva setecientos años sin dejar de beber. En la Sala Capitular, una columna, a modo de palmera, ayuda a sostener la bóveda del espacio hoy convertido en museo. En el centro se encuentra el sepulcro de doña Urraca López de Haro, hija de los fundadores y cuarta abadesa del convento. En su ataúd está labrado su entierro y cómo dos ángeles transportan su alma al Cielo; en la tapa aparece la abadesa, con mucha serenidad, pasando las cuentas del rosario, pero en el interior se halla el cuerpo incorrupto de la beata, que fue abierto en 1898,

Vista de Berceo.

1899, 1933 y 1939. Dentro de los muros del monasterio las monjas bernardas rezan y trabajan (*ora et labora*) dedicando parte de su tiempo a decorar con escudos de armas distintas piezas de preciosa vajilla que podrás contemplar y adquirir. En la villa de Cañas nació el año 1000 Domingo Manso de Zúñiga, que llegó a ser prior del monasterio de San Millán de Suso, aunque fue desterrado por oponerse al rey don García el de Nájera cuando trató de llevarse el monarca las reliquias de San Millán; entonces pasó Domingo a Castilla donde impulsó la construcción del maravilloso claustro de Silos y subió a los altares como Santo Domingo de Silos. La vida de Domingo de Silos la conocemos a través de los textos del maestre don Gonzalo de Berceo, que nació en el pueblecito de **Berceo** y en el centro del pueblo, junto a los arcos soportales del ayuntamiento, hay una estatua de bronce que recuerda al primer poeta castellano de nombre conocido y autor de estos versos:

"Quiero fer una prosa en roman paladino
en cual suele el pueblo fablar a su vecino,
ca non so tan letrado por fer otro latino:
bien valdrá, como creo, un vaso
[de bon vino".

El maestre Gonzalo de Berceo vivió en el siglo XIII, estuvo en el Monasterio de San Millán de la Cogolla y conoció su importante biblioteca; tú mismo verás el portaleyo de Suso, donde escribió la "Vida de Santa Oria" –la santita de Villavelayo–, también escribió la "Vida de San Millán" (después de leer la escrita por San Braulio) y los "Milagros de Nuestra Señora". Los versos monorrimos de Gonzalo de Berceo, escritos en cuaderna vía, están llenos de un realismo ingenuo, con sabor popular e imitando los recursos de los juglares. Desde su estatua de bronce contempla la iglesia parroquial de Santa Eulalia, con su torre cuadrada que se distingue desde la lejanía y su Retablo Mayor que relata el martirio de Santa Eulalia. En los bosques de Berceo no será difícil ver jabalíes, corzos, venados y algún zorro; y en sus tierras labrantías se cultivan sabrosas patatas, que a la riojana deben de estar deliciosas. De Berceo vamos a **San Millán**, cu-

Monasterio de San Millán de Suso.

yos monasterios han sido declarados Patrimonio de la Humanidad, primero ascendemos por la carretera que serpentea hasta el **Monasterio de San Millán de Suso** (de arriba). En la explanada hay una Cruz de hierro sobre una piedra con leyenda que recuerda la lucha que sostuvo Millán con el diablo, hasta que el Señor puso en fuga al tentador. Cuando contemples el monasterio de Suso, verás un edificio pequeño, pero maravilloso –dicen que es el cenobio más antiguo de España– donde hizo vida ermitaña San Millán con sus discípulos: Aselo, Sofronio, Geroncio, Citonato y Potamia; vivían en once cuevas dedicados a la oración, al sacrificio y a estar más cerca de Dios haciendo bien a quien podían. A raíz de las cuevas se inició la construcción del monasterio en el siglo VI; por ello verás construcciones de distintas épocas: rupestres, visigóticas, mozárabes, prerrománicas y románicas. Aquí estuvo Almanzor, gran caudillo del califa cordobés Hisem II, incendiando Suso el año 1002, poco antes de perder su "tambor" en Calatañazor. Cuando atravieses la puerta de Suso, pisarás el empedrado portaleyo que forma una delicada alfombra mozárabe con dos esvásticas y una flor de cuatro pétalos, donde hace 700 años Gonzalo de Berceo escribió parte de su obra:

"Gonzalo le dixeron al versificador
que en su portaleyo fizo esta labor
ponga en el su gracia Dios Nuestro Señor
que vea la su gloria en el reino maior".

Luego verás el claustro con sus arcadas buscando los cálidos rayos del

Interior del monasterio de San Millán de Suso.

mediodía: no dejes de contemplar las tumbas de los Siete Infantes de Lara, decapitados a traición y enterrados sin cabeza en Suso (a las cabezas les dieron tierra en Salas de los Infantes), la tumba de su tutor Nuño y tres reinas de Navarra (Tota, Elvira y Jimena). Escucha las esplicaciones de Teodoro, hijo de Tarsicio Leárraga, y que te muestre los *grafittis* que dejaron los peregrinos medievales sobre los muros del monasterio. Al penetrar en la iglesia que tus ojos se paren en el arco mozárabe y busquen dos capiteles de alabastro, catalogados como los más hermosos del arte visigodo español. Recorre la iglesia de la mano de Teodoro, el guarda de Suso, y fíjate en las arcadas, en esas bóvedas deliciosas y antiguas, en el cenotafio del santo de la Cogolla, que muestra la imagen de Millán revestido con ropas sacerdotales (atrévete a encontrar los cascabeles que decoran su estola) rodeado de discípulos y de algunos milagros que hizo en vida. Contempla el altar más antiguo de España y un capitel tallado por un pícaro cantero (ójala seas capaz de encontrar el secreto que encierra). En los bosques que rodean al monasterio se pueden dar agradables paseos. Se dice que La Rioja es cuna del idioma castellano porque en el Monasterio de Suso, allá por el siglo X, aparecen en forma de una oración las primeras palabras escritas de nuestra lengua en el margen derecho de un códice, son las llamadas glosas emilianenses:

Cono aiutorio.de nuestro
dueno.dueno Xristo.dueno
salbatore qual dueno
get.ena honore.e qual
dueno tienet.ela
mandatione.cono
patre cono spiritu sancto
enos sieculos.de lo siecu
los.facanos deus omnipotes
tal serbitio fere.ke
denante ela sua face
gaudioso segamus.Amen

Sepulcro en el monasterio de San Millán de Suso.

Recientemente los profesores de la Universidad de La Rioja, Claudio y Javier García Turza han descubierto un Glosario Hispánico del año 964, anterior a las glosas emilianenses, que recoge unas 25.000 voces.

En el valle se encuentra el pueblo de **San Millán de la Cogolla**, que junta sus casas al Monasterio de Yuso (de abajo), de porte tan majestuoso, que muchos lo llaman *Escorial de La Rioja*. Corría el año 1053 según dice la leyenda, cuando el rey don García el de Nájera cargó las reliquias de San Millán en una carreta con intención de llevárselas a Nájera, capital de su reino (antes llamado de Pamplona y después de Navarra), pero al llegar al valle las bestias se pararon en seco y nadie pudo arrastrar la carreta, aunque engancharon otros animales; sigue narrando la leyenda cómo las gentes del

Monasterio de Yuso.

valle jaleaban al rey para que dejase los restos de San Millán, y acaba diciendo la leyenda que comprendió el rey que el santo había realizado el prodigio para no abandonar el lugar donde había nacido y vivido, así que mandó construir el **Monasterio de San Millán de Yuso (de abajo)**, que estuvo terminado el año 1067; pero nada queda en Yuso del primitivo edificio del siglo XI, todo es obra del XVI y XVII. Su recorrido bien pudiera iniciarse en el amplio zaguán que da paso al llamado Salón de los Reyes, con lienzos del conde castellano Fernán González, Sancho el Mayor de Navarra, don García el de Nájera y Alfonso VII de Castilla, salidos del pincel de Juan Rizzi; enfrente están, grabadas en mármol, las glosas emilianenses o primeras palabras escritas en castellano (también aparecen las primeras palabras de la lengua vasca); una puerta nos conduce al claustro bajo, centro del monasterio desde donde se llega a todas partes, con su patio abierto al cielo que simboliza el paraíso, y el pozo en medio, es obra renacentista de Juan Pérez de Solarte, aunque la puerta procesional y el claustro alto los realizó el italiano Andrés Rodi; la iglesia renacentista se acabó en 1540, pero en 1595 las aguas subterráneas y las avenidas del monte obligaron a reedificarla encargándose de las obras Pérez de Solarte: es hermosísima y luce gran retablo barroco con hermoso relicario que ocupa una cámara que se puede circundar, con dos pares de potentes columas y magnífica pintura de San

Patio interior del monasterio de Yuso.

Una agradable excursión

Salimos de San Millán de la Cogolla, siguiendo el curso del río Cárdenas, entre bellos paisajes serranos, camino de la aldea Lugar del Río (tiene pequeña iglesia de mampostería y sillarejo del XVIII y XIX dedicada a Nuestra Señora del Carmen) hallarás excelentes lugares donde pasear por caminos que recorren los bosques, donde celebrar una comida campestre (en Urre hay asadores, mesas y asientos) y hasta para acampar con la tienda de campaña.

Millán matamoros a caballo portando espada flamígera luchando en la batalla de Hacinas (deléitate en esta pintura) y en el ático la Asunción de Nuestra Señora acompañada por su Hijo mientras el apostolado permanece junto a la tumba en la que crece un rosal con claras influencias del Greco, son pinturas del monje Juan Rizzi (considerado el mejor pintor claustral de España) que pintó 22 cuadros en el monasterio entre los años 1653-1656. Sobre la sillería del coro bajo hay un gran órgano que inunda la iglesia con sus notas; la reja que cierra el coro, de Sebastián Medina, pesa 22.000 kilos. Un gran púlpito de madera de fines del XVI, sostenido por varios atlantes, presenta deliciosos relieves de los cuatro evangelistas y San Pablo. El trascoro es rococó completamente dorado con ocho tallas de buena imaginería salidas de un taller madrileño todas relacionadas con San Millán: San Braulio, su biógrafo; San Felices, su maestro; los santos Aselo, Citonato, Geroncio, Sofronio y Potamia, discípulos, además de Santa Oria, la santita de Villavelayo. Ob-

San Millán de la Cogolla

Conocemos la vida de Millán (473 - 574) a través de su biógrafo San Braulio que escribe «Vita Aemiliani». Millán nació en el barrio de Berceo llamado Madriz, desde niño se dedicó al pastoreo y a la edad de 20 años sintió una llamada en sueños y dejando las ovejas se fue a los riscos de Bilibio donde el ermitaño Felices lo educó en el camino del sacerdocio durante tres años; después hizo vida de anacoreta en las sierras de San Lorenzo, pero el obispo Dídimo de Tarazona lo mandó ejercer de cura en Berceo: tal era su bondad y generosidad, que la envidia creció entre los clérigos; entonces se retiró a las cuevas para llevar una vida de ermitaño hasta el final de sus días.

Claustro de San Millán de Yuso.

serva la delicadeza del coro alto formado por un arco casi plano, que desafía las leyes de la naturaleza, decorado con bellos adornos renacentistas. Pasamos a la sacristía, antaño sala capitular, considerada como una de las más bellas de España, a la que se añadió la cajonería, pinturas sobre cobre donde se narran varias escenas de la vida de José, un altar barroco que preside Nuestra Señora de los Angeles en la que destaca el movimiento del manto, la belleza de los estofados y la delicadeza del rostro. Penetramos en el refectorio, una gran estancia conservada como en sus mejores tiempos y en la que destacamos el bello púlpito desde donde un fraile leía vidas de santos y pasajes de la Biblia mientras los monjes comían en silencio. A escasos metros está el Salón de la Lengua, decorado con banderas y escudos de los países de habla hispana. Subimos al claustro alto con abundante pintura y relieve de piedra policromada de Santa Catalina. En el museo podrás ver buena pintura de Rizzi, las glosas emilianenses, deliciosos marfiles de San Millán y de San

Felices, relicarios y códices de pergamino bellamente iluminados. Más de 8.000 volúmenes ocupan las estanterías de la biblioteca y algunos verdaderos tesoros: el becerro galicano, primeras ediciones de Fray Luis de León y autores del XVI, una Gramática de Nebrija de la que sólo hay dos copias en España, la Geometría de Euclides y tantas joyas literarias. La Rioja por ser *cuna del castellano* sintió la necesidad de crear el Aula de la Lengua a fin de realizar congresos nacionales e internacionales de lengua y literatura hispánicas, cursos de filología y cuantas actividades culturales merezcan un marco tan distinguido como el monasterio de San Millán de la Cogolla. Un ala del monasterio ha sido convertida en Hostería que cuenta con restaurante, hotel, salones de reunión y cafetería ubicada en la antigua cocina monacal. Rematando el conjunto destaca en lo más alto la torre cuadrada, con campanario octogonal coronada por esbelto chapitel.

Los amantes de la caza pueden practicar en la zona las batidas de jabalí, el paso de la paloma,

Relieve en San Millán de Yuso.

Marfil de San Millán
Cuenta la leyenda que San Millán, siendo muy anciano, predicó a los habitantes del poblado de Cantabria, pero no le hicieron caso y hasta se burlaron del santo; entonces Millán profetizó la destrucción de la ciudad (situada en lo alto del monte Cantabria, puedes visitar sus restos y contemplar desde lo alto la ciudad de Logroño), que en realidad fue arrasada por el rey visigodo Leovigildo el año 574. En la viñeta superior del marfil aparece Millán predicando y en la inferior el rey visigodo quiere cortar la cabeza de Abundancio, el hombre que se burló del santo de la Cogolla. Los artistas Engelman, Rodolfo y Simeón realizaron en 1067 un extraordinario trabajo al tallar los marfiles que cuentan la vida y milagros de San Millán, además de decorar la arqueta que contenía sus más preciadas reliquias. Los soldados franceses, durante la Guerra de la Independencia, saquearon el monasterio llevándose el oro, la plata y las piedras preciosas de la arqueta, pero su incultura les impidió robar el tesoro más preciado: los marfiles; no obstante, de alguna extraña manera, ha llegado un marfil al Metropolitan de Nueva York, tres al Hermitage de San Petesburgo, uno al Dumbarton de Washington y medio al Fine Arts de Boston.

Elaboración del clarete

En La Rioja, además de tintos, blancos, rosados y cavas, se elabora un vino llamado clarete. A diferencia del rosado, fermentado con uvas blancas y tintas mezcladas, el clarete se hace prensando las uvas tintas y retirando el mosto ese mismo día o al siguiente para que los ollejos no le presten demasiado color. Los pueblos que recorremos, además de San Asensio al que iremos en otro momento, tienen tan bien ganada fama en la elaboración de claretes, que bien pudiera hacerse con ellos la Ruta del Clarete.

Puente en Anguiano.

conejos y perdices. Al salir del monasterio y junto al aparcamiento hay un establecimiento donde podrás adquirir productos de la gastronomía riojana, que nos dejarán buen sabor de boca mientras nos dirigimos a **Estollo** mostrando la torre cuadrada de su iglesia de la Expectación elevada sobre el caserío; podemos detenernos para calmar la sed con las frescas aguas de su fuente y hasta recordar al hijo ilustre de Estollo Juan Ramírez de la Piscina, nacido en 1535, soldado en Italia y Flandes, gobernador de Tucumán, Paraguay y fundador de la ciudad de Todos los Santos de la Nueva Rioja, capital de la hermana Rioja de Argentina. Siguiendo el camino hallaremos la aldea de **San Andrés**, luego será **Villaverde de Rioja**, pequeña población agrícola y ganadera con su iglesia de la Asunción. Enseguida llegamos a la carretera LR-113 y disfrutando del paisaje serrano llegamos a **Anguiano**: "Tres barrios, tres fuentes y tres clases de gente" reza el dicho popular; barrio Mediavilla con iglesia de San Andrés, que se empieza a construir en 1546 por Juan Pérez de Solarte, que ya conocemos por sus trabajos en San Millán de Yuso, tiene retablo mayor barroco con relicario de templete de Diego Ichaso; al otro lado del Najerilla (río truchero) salvando un desfiladero de más de 30 metros un atrevido puente de un sólo ojo nos franquea el paso al barrio de Cuevas, donde está la iglesia de San Pedro, y cuyas casas bajan hasta las remansadas aguas del río formando un hermoso paraje; y el tercer barrio es las Eras, donde quedan pajares y terrenos llanos en los que antaño se trillaba la mies. Un recorrido por Anguiano deja ver muchas casas de arquitectura serrana. Cada 22 de julio, por la Magdalena, y el último sábado de septiembre varios jóvenes vestidos con chalecos multicolores y faldas, tocando castañuelas y subidos sobre zancos de madera de haya bailan en círculos, al son de la gaita y el tamboril, una danza ritual lanzándose por la pendiente de una cuesta empedrada creando un espectáculo digno de ver por lo vertiginoso de sus giros y la peligrosidad de la danza. Posee Anguiano también una ermita dedicada a la Magdalena donde acuden en romería, con una fuente barroca de mediados del XVII en forma de arco triunfal que sufre una intermitencia en la salida de sus aguas y un extraño crecimiento que parece cosa de maravilla. En los alrededores de

Danzante sobre zancos de Anguiano.

Anguiano se pueden pescar buenas truchas, practicar la caza del corzo, jabalí, conejo y paloma; y no te vayas sin probar esos riquísimos caparrones rojos que son famosos en muchos kilómetros a la redonda. Con los caparrones rojos en el maletero del coche buscamos la paz y el sosiego del **Monasterio Benedictino de Valvanera**, en la ladera del monte Mori, en plena Sierra de la Demanda, a mil metros de altura. Cuenta la leyenda que la imagen de la Virgen fue hallada por el bandido Nuño en el abierto tronco de un roble junto a un enjambre de abejas, sigue diciendo la leyenda que el bandido se arrepintió de sus fechorías convirtiéndose en su más fiel guardián. La Virgen de Valvanera, patrona de La Rioja, es una hermosa talla acaso románica con influencias bizantinas con un rostro muy delicado y el Niño en brazos con los pies en una postura que nadie ha sabido explicar (¿sabrás tú, querido viajero?). La primitiva iglesia debió ser visigótica, pero la arquitectura actual es gótica (fíjate en la portada y en las bóvedas),

De San Millán a Valvanera con las botas puestas

Para los que gustáis de recorrer sendas y caminos os ofrecemos esta ruta que muchos han hecho andando. Atrás quedan los monasterios de la Cogolla, salimos de San Millán y cruzamos el puente como si fuéramos a Estollo, pero a mitad de camino giramos a la derecha y cogemos una pista que lleva la dirección suroeste para luego corregir la dirección hacia el sur (el monasterio de Yuso queda a nuestra derecha) y así debemos continuar hacia el sur hasta los Corrales de Ortuño y seguir adelante, luego cruzar el río Iruela y tomar la dirección noroeste e ir derivando poco a poco hacia la derecha yendo a buscar los Corrales de Ocijo, después habrá que tomar la senda que entre robles busca el oriente que recorreremos hasta llegar al pueblo de Tobía (antes de llegar te advertirán los buitres que anidan en los grandes mallos rocosos) y de aquí a Matute continuaremos caminando hacia el este teniendo el río Tobía a nuestra derecha. Desde Matute seguimos andando hacia el saliente yendo en busca del Najerilla y cuando estemos cerca del río, en un cruce de pistas, debemos tomar la de la derecha, así que caminaremos hacia el sur teniendo el río Najerilla a nuestra izquierda hasta que lleguemos a Anguiano habiendo recorrido unos 22 km aproximadamente. Desde Anguiano podemos caminar por el lado izquierdo de la carretera LR-113 durante 9 km hasta tomar a la derecha la carretera LR-435 que asciende directamente a Valvanera durante 5 km.

Virgen de Valvanera y vista del monasterio.

aunque la restauración ha añadido un hermoso camarín a la Virgen y una cabecera neorrománica. Los monjes benedictinos rezan y trabajan elaborando el rico licor Valvanera con yerbas aromáticas, catan la miel de las abejas y atienden la hospedería del monasterio. Valvanera es un lugar apacible donde encontrarás la tranquilidad entre sus muros de piedra o recorriendo sendas y veredas entre los bosques y el río.

RUTA 3. EL VALLE DE EZCARAY

Al salir de Santo Domingo de la Calzada la carretera acompaña al río Oja por la ruta que culminará en las elevadas sierras de la Demanda (en otro tiempo llamados *Montes Distercios*). A la derecha descubrimos **Santurde**, con iglesia de San Andrés, torre del XVII y retablo barroco con columnas salomónicas, pila bautismal románica y capilla de los Urizarna; ermita de la Virgen de la Cuesta con buenas vistas sobre el valle y torre del homenaje de un viejo castillo; artesanía del cencerro y marroquinería. Al otro lado de la carretera, **Santurdejo**, con variedad de arbolado: pinos, robles, hayas, cerezo silvestre, brezo; se puede cazar la perdiz, codorniz y jabalí; la iglesia de San Jorge tiene retablo mayor del XVIII; siguiendo el arroyo Espardaña se llega hasta **Pazuengos**. Volvemos a la carretera principal hasta que encontramos un cartelillo, a mano izquierda, que nos lleva por un camino a **Santasensio los Cantos** donde verás una ermita románica con cabecera poligonal, bóveda de cañón y restos de pintura medieval; a la derecha de la carretera

Santasensio de los Cantos. Ermita.

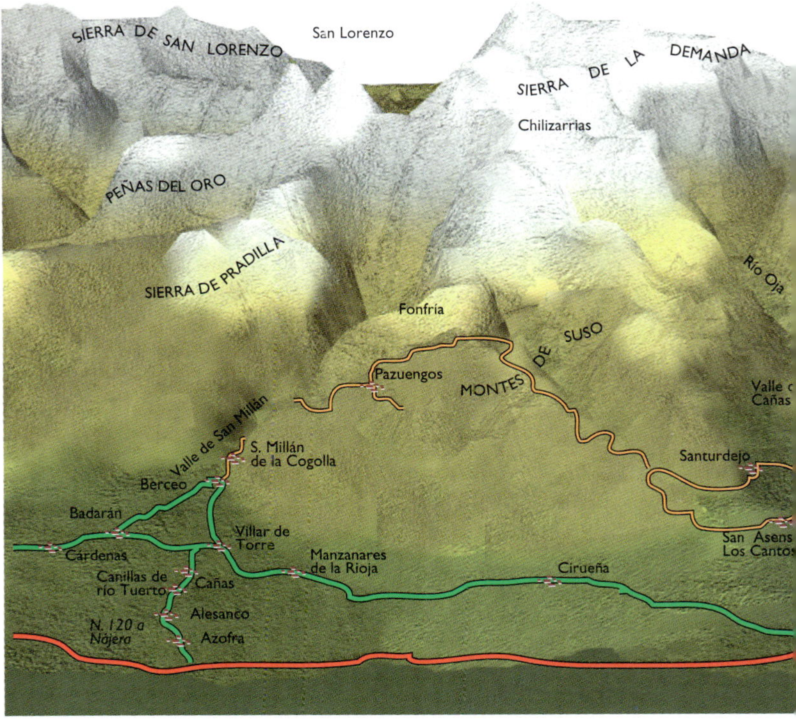

RUTA 3: EL VALLE DE EZCARAY

La ruta que te proponemos discurre a lo largo del alto valle del río Oja entre hermosos paisajes que te llevarán hasta las cumbres de la Sierra de la Demanda: poblaciones que cambiaron su pasado industrial por el turístico, maravillosas obras de arte, ricos palacios, interesantísimas aldeas que conservan su arquitectura serrana, importante lugar de veraneo y la estación de esquí de Valdezcaray.

Desde Santo Domingo de la Calzada recorremos la carretera LR-111 y desde ella iremos tomando distintos ramales: la LR-413 te lleva a Santurde, la LR-413 a Santurdejo y Pazuengos; a la derecha un camino nos lleva hasta las aldeas de Arbiza y Tondeluna; a la izquierda otro camino nos acerca a Santasensio los Cantos. Siguiendo la LR-111 se llega a Ojacastro, Ezcaray, Zorraquín y Valgañón. Y desde Ezcaray se accede por carretera a la Estación de Esquí y a las aldeas de Urdanta, Zaldierna, Azárulla, San Antón, Posadas y Ayabarena; se puede continuar hasta la Cruz de la Demanda.

INFORMACION PRÁCTICA

SANTURDE

Ayuntamiento Pza. Fundador, 1
☎ (941) 42 66 01.

Iglesia de San Andrés
☎ (941) 34 10 06.

Marroquinería artesana
Bº San Martín, 35 ☎ (941) 42 68 00.

Cencerros Florencio Díez
Gral. Franco, 12 ☎ (941) 42 67 76.

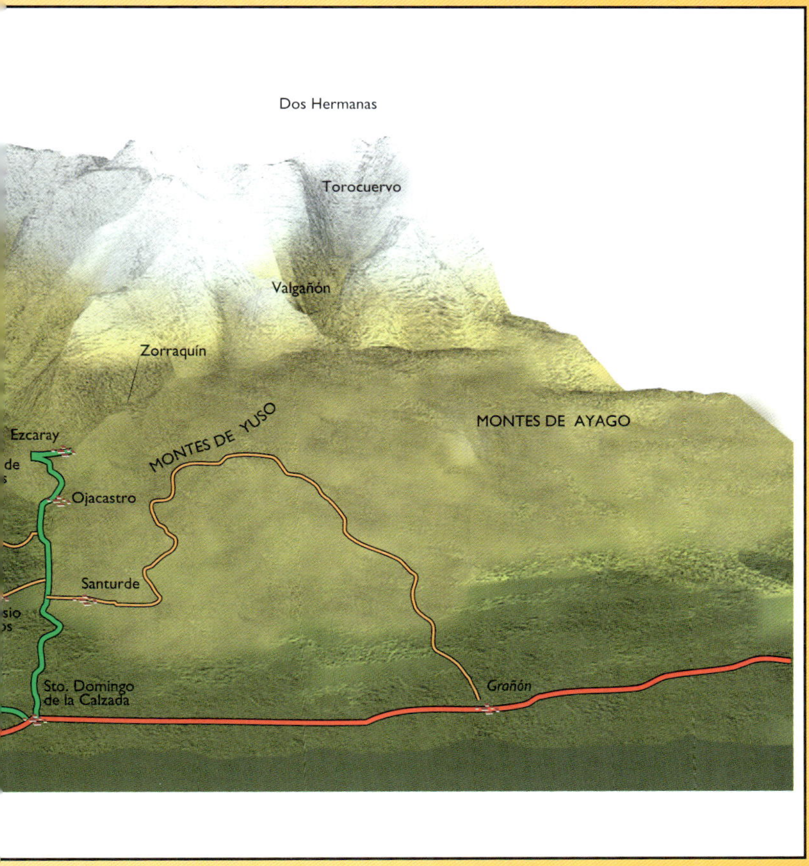

SANTURDEJO
Ayuntamiento Real del Norte, 71 ☎ (941) 42 67 00.
Iglesia de San Jorge ☎ (941) 34 10 06.

TONDELUNA
Queso artesano ☎ (941) 74 60 21.

OJACASTRO
Ayuntamiento Iglesia, 2 ☎ (941) 35 41 53.
Parroquial de San Julián y Sta. Basilisa ☎ (941) 35 41 13.
Hostal El Pago ** Ctra. Sto Domingo, 29 ☎ (941) 42 75 26.
Casas Rurales:
Casa La Plazuela 6 plazas Muza, 13 ☎ (941) 42 75 22 y 26 12 14.
Casa Ugarte 6 plazas Plaza Eras, 8 ☎ (941) 42 74 58.

EZCARAY
Ayuntamiento Ctra. Sto Domingo, 68 ☎ (941) 35 41 91.
Parroquial Sta. Mª la Mayor Héroes Alcázar, 2 ☎ (941) 35 40 59.
Oficina de Turismo Sagasta, 1 ☎ (941) 42 73 60.
Antigüedades Ezcaray Gallarza, 5 ☎ (941) 35 45 83.
Productos Típicos Riojanos Jesús Nazareno, 2 ☎ (941) 35 43 75.
Fábrica de mantas Gallarza, 12 ☎ (941) 35 40 34.
Industrias del mueble Importantes y variadas; asientos de cine; tallas, encargos. Vale la pena ver.
Alojamiento:
Hotel Echaurren *** Héroes Alcázar, 1 ☎ (941) 35 40 47.
Hotel Begoña ** Cta. Sto. Domingo, s/n ☎ (941) 35 40 00.

Hotel Iguareña ** Lamberto Felipe, 14 ☎ (941) 35 41 44.
Albergue de la Real Fábrica Ctra. Sto. Domingo ☎ (941) 35 44 74.
Campamento Juvenil Molino Viejo Camino Molinos ☎ (941) 35 41 42
Restaurantes:
Albergue Real Fábrica Ctra. Sto Domingo ☎ (941) 35 44 74.
Echaurren Héroes Alcázar, 1 ☎ (941) 35 40 47.
Estación Esquí Valdezcaray Autoservicio ☎ (941) 35 42 92.
Masip Academia G Militar, 6. Caparrones, hojaldres, postres ☎ (941) 35 43 27
Rincón del Vino Jesús Nazareno, 2 ☎ (941) 42 72 68.

ZORRAQUÍN
Iglesia de San Esteban ☎ (941) 35 41 13 (con Valgañón).
Asador El Caserío Mayor s/n Asados y ensalada ☎ (941) 35 40 12.

VALGAÑÓN
Ayuntamiento Pza. Don Pedro ☎ (941) 35 46 02.
Iglesia Nª Sra Tres Fuentes Carretera, s/n ☎ (941) 35 41 13.
Iglesia de San Andrés (en el pueblo) ☎ (941) 35 41 13.
Mesón Los Acebos Baja, 20 Cocina riojana ☎ (941) 35 40 44.
Merendero El Cordobés Carretera, s/n Carne asada ☎ (941) 42 73 47.

AZARRULLA
Hostería Restaurante Valle del Oja Ctra. Posadas ☎ (941) 42 74 16.

CAZA Y PESCA
Toda la zona está recorrida por el río Oja, bueno para la pesca de la trucha; en cuanto a la caza existe el Coto Nacional de Ezcaray y es buen lugar para la perdiz, codorniz, jabalí, paso de la paloma; para amplia información: Dir. Gen. Montes ☎ (941) 29 11 00 ext. 4562.

Picota de Ojacastro.

otro camino conduce a las aldeas de **Arbiza** y **Tondeluna**, donde elaboran un delicioso queso de cabra. Regresamos a la carretera para dirigirnos a **Ojacastro** y en mitad de la plaza se alza una soberbia picota cuyo fuste se eleva sobre unas gradas coronado por una pirámide y cuatro cabezas muy expresivas que parecen querer disuadir al delincuente de cometer una fechoría; su iglesia parroquial de San Julián y Santa Basilisa posee un buen pórtico, una puerta del XVI con santos labrados y una hermosa Piedad sobre ella; el Retablo Mayor es barroco con columnas salomónicas, sin policromar, sólo los santos titulares y el sagrario de templete están dorados; la capilla del Canóni-

Ojacastro. Tímpano de la iglesia.

La Argolla del Fuero

En la Plaza de la Verdura, en un pilar, está la argolla del fuero, y es que en el pasado los malhechores huidos de otras tierras que tocaban la argolla y se acogían al Fuero de Valdezcaray, no podían ser apresados por la justicia; el fuero los defendía y si en el valle de Ezcaray llevaban una vida honesta, podían vivir tranquilamente. El fuero decía que malhechores y homicidas que vengan a acogerse a Valdezcaray sean defendidos sin que la justicia pueda entrar al valle y sacarlos de él. En tiempo de los Reyes Católicos fue reformado el fuero para eliminar la cláusula que acogía a malhechores.

La "argolla" de Ezcaray.

Vista de Ezcaray.

go Pedro Ibarra posee un retablo dedicado a San Pedro, tiene estatua orante del fundador y da a una sacristía recién remozada; el Retablo del Abrazo es magnífico, realizado por el sobrino de Damián Forment recreando la escena del abrazo de San Joaquín y Santa Ana ante la Puerta Dorada (busca el relieve de Jesús caído con la cruz y el soldado de la patada ¿encuentras algún parecido en el retablo calceatense?). Es un pedazo de joya esta iglesia que luce en el exterior de la cabecera el escudo de armas de los Velasco, Condestables de Castilla. Recorriendo sus calles se encuentra arquitectura serrana a base de mampostería en planta baja y entramado de madera con materiales más elementales. La carretera nos lleva a **Ezcaray**, población con rica historia que fue dotada de Fuero de repoblación en 1312 por Fernando IV con importantes beneficios fiscales; la Plaza de la Verdura, rodeada de hermosas casas que te encantará ver y siguiendo un paseo por las calles descubrirás zonas porticadas a base de madera y piedra muy típicas de la zona, hermosos palacios que hablan de la importancia de Ezcaray, de su industria de paños asentada sobre una ganadería de lana y de la Real Fábrica de Paños, que en la época del Marqués de la Ensenada y Carlos III contó con la maquinaria más moderna de Europa, ocupando los edificios del albergue y siguientes.

Ezcaray posee importantes pastizales que pueden mantener una buena cabaña ganadera y explota alrededor de 8.000 ha de bosques que proporcionan buena madera para su industria del mueble. La iglesia parroquial de Santa María la Mayor es muy hermosa, con las trazas de un templo fortificado; tiene portada gótica y puerta renacentista y sobre

toda la belleza de este mueble extraordinario en el que destaca San Miguel luchando contra el dragón, la Asunción coronación de la Virgen, varios santos y el remate del Calvario; fíjate en la delicada ejecución del retablito. Estoy seguro que llamará tu atención un retablo de madera oscura, sin policromar, de la Piedad, creemos que es obra de Juan de Beaugrant, aunque muchos lo atribuyen a Juan de Juni; la escena principal es la Piedad, pero toda la obra gira en torno a Cristo muerto; en lo alto se ven crucificados los

Casa blasonada y tímpano en Ezcaray.

ella hay una galería o conjuratorio con los escudos de los señores del valle y esvásticas. El Retablo Mayor presenta arquitectura gótica, aunque mezcla elementos hispanoflamencos y renacentistas; encontrarás entre otros a los cuatro evangelistas, Santa María Virgen, el Descendimiento...; es obra de Hernando de Salcedo. A la izquierda está el Retablo de San Miguel, gótico del XV, que la restauración ha sacado

dos ladrones. No creo que hayas visto un retablito tan curioso, lo llamaremos de las enfermedades: en el banco se hallan las santas Águeda y Lucía, protectoras de las mujeres que están criando y de la vista; en el único piso está San Lázaro, patrón de los leprosos, entre San Roque, patrón de los apestados, y San Gregorio, abogado de las plagas del campo, y se remata todo el conjunto con un Calvario. Antaño hu-

Dos aspectos de Valdezcaray.

bo a la entrada de Ezcaray un Lazareto u hospital donde eran atendidos los enfermos, teniendo por altar este retablito. En una ventana románica, con capiteles de decoración vegetal, que habla de un templo anterior, está el matachín, soldado del siglo XVII, que da las horas haciendo sonar una campanilla.

En la nave lateral izquierda, junto a la pila bautismal del siglo XII, está el Cristo de los Ajusticiados, uno de los crucifijos de tamaño natural más interesantes que se conocen; realizado a finales del siglo XV nos muestra al Hijo de Dios crucificado, que también ha sido ahorcado (como se castigaba en la Edad Media), mostrando las marcas de

Vista de Zaldierna.

la soga y el cuello roto; la boca abierta y babeante, los ojos saltones y la cabeza rapada. No faltan los que aseguran que este original Cristo de Ezcaray es una muda crítica a la reforma del Fuero llevada a cabo por los Reyes Católicos.

Don Dalmacio, el cura párroco de Ezcaray, ha creado un museo sacro juntando ornamentos, tallas, reliquias y pinturas de las aldeas que se han ido despoblando; hay piezas de gran valor, pero la que más me agrada es un copón custodia, una joya gótica salida de un taller burgalés hacia 1500. Levanta los ojos y no dejes de contemplar el órgano ibérico realizado por el riojano Diego de Orío, que también hizo el de Covarrubias. Sigue paseando las calles de Ezcaray entre zonas porticadas, arquitectura

Azurralla.

De Ezcaray a Pazuengos con las botas puestas

La salida de Ezcaray la hacemos por el puente de la vieja Estación de Ferrocarril; girar a la izquierda y al poco a la derecha para recorrer un camino muy sencillo siguiendo el arroyo de Turza hasta llegar a la aldea de Turza. Desde aquí nuestro recorrido apunta al collado de Larrizabala (1.245 m) desde donde se contemplan excelentes vistas de la zona. Seguimos caminando hacia el saliente hasta encontrar el arroyo Espardaña y enseguida que se asciende se llega a la aldea de Pazuengos. En el recorrido que puede durar 3 h escasas se aprecian bosques de hayas, pinos, algún acebo, praderas con matorral (tomillo, ulaga, enebro).

En bicicleta por las aldeas hasta la Cruz de la Demanda

Desde Ezcaray, siguiendo la LR-415, se puede realizar una agradable excursión en bicicleta por la carretera de mayor tráfico de bicis de toda La Rioja. Cuando hemos recorrido 3 km un desvío a la derecha, tras 4 km nos lleva a Urdanta, con arquitectura popular a base de mampostería tosca; de regreso a la carretera principal enseguida estamos en Zaldierna, de cuya arquitectura destaca la iglesia y el puente; poco más allá está Azárrulla, donde la iniciativa privada ha creado en un hermoso espacio la Hostería del Valle del Oja, con buen restaurante, cafetería, piscina y habitaciones; a tiro de piedra está San Antón; volviendo a la carretera principal, en unos 3 km te presentas en Posadas, que tiene un salto de energía eléctrica y se piensa en la futura presa; en un santiamén estamos en Ayabarrena y regresando a la carretera principal seguimos hacia la Cruz de la Demanda encontrando el Refugio del Llano de la Casa y también merenderos. Buenas vistas en la Cruz de la Demanda y regreso a Ezcaray.

Exterior e interior de la iglesia de Zorraquín.

serrana, palacios barrocos, contempla sus dos cruceros, visita la ermita de Allende, mira a la Virgen, tan querida en el valle y pídele lo que te haga falta, concede muchas cosas. No te olvides de la fábrica de paños y su industria del mueble. Tomando la carretera LR-416 enseguida se llega a la Estación de Esquí de Valdezcaray donde el aficionado a la nieve encuentra 19 recorridos de distinta dificultad (para aficionados y expertos), telesillas, telesquí, remontes, máquinas pisapistas, camiones quitanieve, cañones de nieve artificial, escuela de esquí, enfermería, alquiler de material, restaurante, autoservicio, cafetería, bar... Los no aficionados al deporte blanco también disfrutarán con las vistas del paisaje.

Desde Ezcaray y siguiendo la carretera paralela al río Ciloria, afluente del Oja, llegamos a **Zorraquín**, donde frente al juego de pelota hay una hermosa construcción a base de entramados de madera; es visita obligada la pequeña iglesia de San Esteban, románica del XII; hay que fijarse en la portada y en la espadaña; en el interior hay partes del edificio que hablan de gótico y el retablo rena-

Valgañón. Arriba, iglesia de San Andrés. Abajo, iglesia de Tres Fuentes.

centista con nueve tablas pintadas por Andrés de Melgar y Alonso Gallego e imaginería de Hernando de Salcedo; hay que verlo tras la restauración; creo que nos encantará. Y siguiendo la ruta se llega a **Valgañón** con un caserío que se debe visitar y una iglesia de San Andrés, que nos encanta por su pórtico y espadaña con campanas y campanillo; lo mejor de su interior es la sillería, colocada en el presbiterio, con respaldos que son excelentes relieves (acércate para que los veas a placer) de un antiguo retablo obra de Hernando de Salcedo; fuera de la población está la iglesia de Tres Fuentes, restaurada hace poco para dar brillo a una joya románica maltratada en siglos pasados; contempla su cabecera exterior, trata de ver el encanto de una portada maltrecha por el paso del tiempo y disfruta contemplando su bóveda, órgano y pila bautismal. En el exterior hay una hermosa fuente barroca que mana fresca y abundante agua.

El mejor acebal de la Rioja

Desde la Iglesia de Tres Fuentes hay un hermoso paseo hasta la Balsa de Anguta; no te faltarán por el camino hayas robles y ulagas; desde la balsa se llega a un bosque de acebos donde algunos árboles alcanzan los diez metros. Recuerda que es especie muy protegida. Si durante el paseo aguzas el oído y abres bien los ojos, te sorprenderá el encanto de la flora y la fauna que te ofrece la Naturaleza.

Paseos por la Naturaleza

Se pueden realizar muchos y muy variados por toda la zona, aunque voy a sugerirte dos de distinta dificultad: Recorrido por la antigua vía férrea que llegaba a Ezcaray y la subida hasta el Monte San Lorenzo (2.262 m), el segundo más alto del Sistema Ibérico.

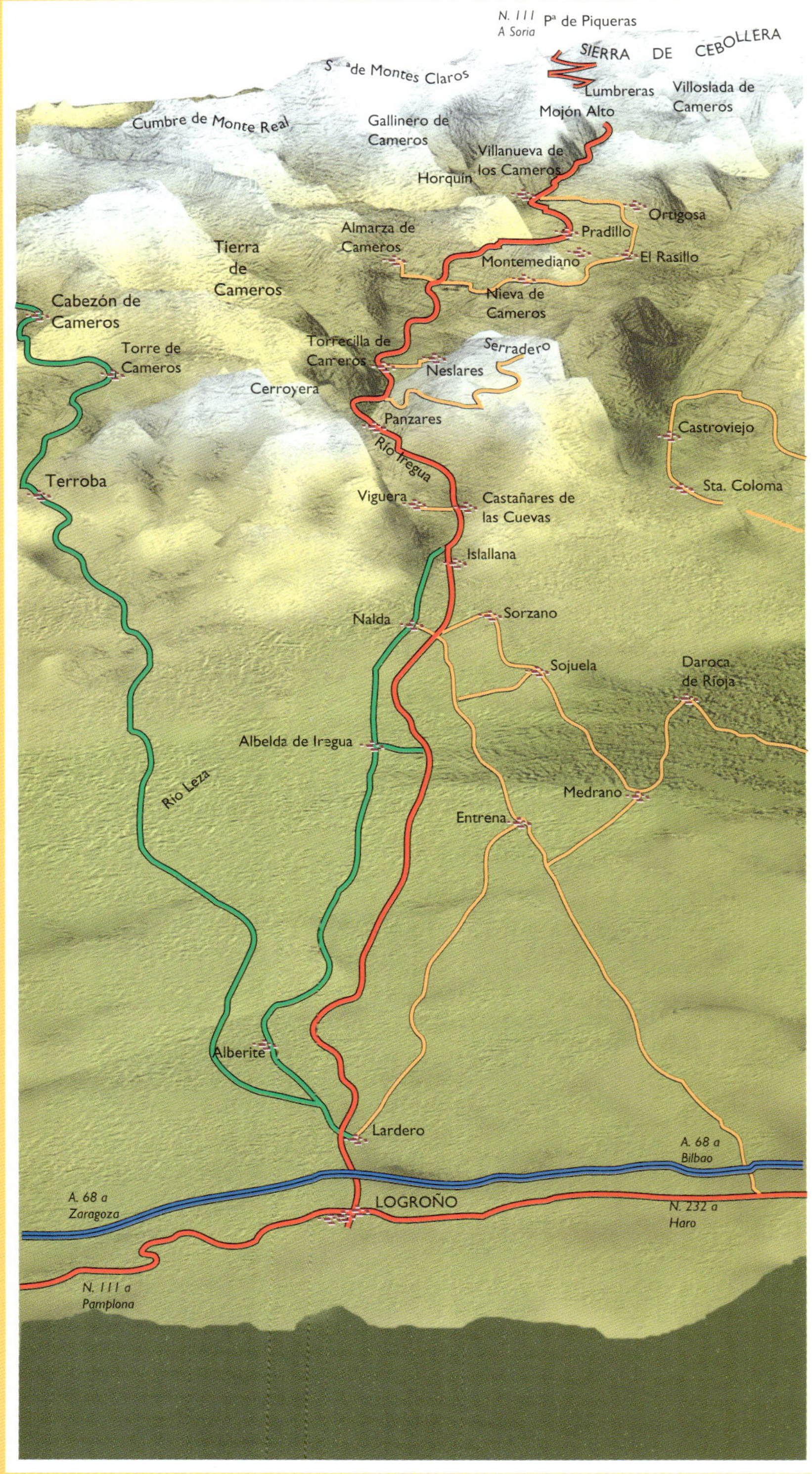
N. 111
A Soria
Pª de Piqueras
SIERRA DE CEBOLLERA
Sª de Montes Claros
Lumbreras
Villoslada de Cameros
Mojón Alto
Cumbre de Monte Real
Gallinero de Cameros
Villanueva de los Cameros
Horquín
Ortigosa
Almarza de Cameros
Pradillo
Tierra de Cameros
El Rasillo
Montemediano
Nieva de Cameros
Cabezón de Cameros
Torrecilla de Cameros
Serradero
Torre de Cameros
Neslares
Cerroyera
Panzares
Castroviejo
Río Iregua
Terroba
Sta. Coloma
Viguera
Castañares de las Cuevas
Islallana
Nalda
Sorzano
Sojuela
Daroca de Rioja
Albelda de Iregua
Río Leza
Medrano
Entrena
Alberite
Lardero
A. 68 a Bilbao
A. 68 a Zaragoza
LOGROÑO
N. 232 a Haro
N. 111 a Pamplona

RUTA 4: POR EL IREGUA

La Ruta por el Iregua la iniciamos en Lardero. La LR-254 nos lleva a Alberite y Villamediana, para regresar a la N-111 y desviándonos a la izquierda llegamos a Albelda, después a Nalda; desviándonos a la derecha por la LR-341 llegamos a Sorzano, Sojuela, Daroca, Medrano y por la LR-137 a Entrena, regresando a la N-111 donde hallaremos Islallana, Viguera, Castañares de las Cuevas, Panzares y un desvío a la derecha nos lleva a Nestares; regresando a la carretera nacional llegamos a Torrecilla en Cameros, luego giramos a la izquierda por la LR-345 llegamos a Almarza de Cameros y por la LR-453 a Pinillos. De nuevo en la N-111 giramos a la derecha por la LR-253 para dirigirnos a Nieva, El Rasillo, Montemediano y Ortigosa para volver a la carretera Nacional por Pradillo y Villanueva de Cameros; luego hay que girar a la derecha para llegar a Villoslada de Cameros y desde allí a Lomos de Orio. De nuevo en la N-111 llegaremos a Lumbreras, San Andrés y el Puerto de Piqueras.

INFORMACION PRÁCTICA

LARDERO

Ayuntamiento Av. Navarrete ☎ (941) 44 80 31.
Iglesia Parroquial San Pedro Apóstol ☎ (941) 44 88 03.
Basílica de San Marcial ☎ (941) 44 88 03.
Restaurantes:
Alema Pza. San Pedro, 5. Comida casera ☎ (941) 44 90 74.
Barros Av. de La Rioja. Bodas y banquetes ☎ (941) 44 87 53.
El Jardín Gallarza, 26. Bodas y banquetes ☎ (941) 44 88 33.
Casa Pedro Av. Entrena, 15. Cocina regional ☎ (941) 44 90 73.
Garden Luz Av. La Rioja km 328. Bodas y banquetes ☎ (941) 44 96 01.
Picadero Equus Coronilla, s/n. ☎ (941) 44 98 68.
Conservas Mimo Av. La Rioja s/n. ☎ (941) 44 96 16.
Jamones Herrera Gallarza, 18 ☎ (941) 44 80 94.
Hierros Artísticos Av. La Rioja, s/n. ☎ (941) 44 80 96.

ALBERITE

Ayuntamiento Dr. Sáenz Andollo, 12 ☎ (941) 43 62 98.
Iglesia Parroquial San Martín Pza. España, 3 ☎ (941) 43 62 46.
Centro de Salud Pío Sicilia, s/n ☎ (941) 43 63 03.
Restaurantes:
Chelo Pintor Moreda, 10. Chelitos, cazuelitas ☎ (941) 43 61 76.
Cid Ortega y Gasset, 2. Cocina riojana ☎ (941) 43 60 96.
Maro's Plazuela, 3. Menú y banquetes ☎ 43 63 80.
Bar Bohío Av. Navarra Huevos rellenos, puerros de Baborro ☎ (941) 43 64 08.
Tonelería Martín Camino Viejo de Logroño ☎ (941) 43 63 28.
Conservas Tarvis Villamediana, s/n ☎ (941) 43 64 15.

VILLAMEDIANA DE IREGUA

Ayuntamiento Pza. Cándido Sarramián, 1 ☎ (941) 43 51 33.
Iglesia Parroquial de la Asunción ☎ (941) 43 51 63.
Restaurantes:
Vista Alegre Bodegas, s/n. Cocina riojana ☎ (941) 43 53 59.
La Moncloa Bodegas, 62 Cocina riojana ☎ (941) 43 50 78.
Villa Cañas Ctra. Logroño Bodas y banquetes ☎ (941) 43 53 00.
Alojamiento:
Hostal Villamediana Bodegas, s/n. ☎ (941) 43 51 78.
Bodegas:
Dinastía Vivanco Barrio Bodegas, 8 ☎ (941) 43 63 04.
Bodega y Viñas Senda Galiana Cerro San Cristóbal ☎ (941) 43 53 75.
Muebles León Ctra. Logroño ☎ (941) 43 51 07.

ALBELDA DE IREGUA

Ayuntamiento General Franco, 15 ☎ (941) 44 30 19.
Parroquial de San Martín Pza. Iglesia, 1 ☎ (941) 44 31 62.
Restaurante La Tapiada Ctra. Soria km 323 ☎ (941) 44 32 29.

Fonda Balbina Lavadero, 1
☎ (941) 44 30 17.
Destilerías San Fermín
Ctra. Soria km 3 ☎ (941) 44 32 29.
Embutidos Palacios
Ctra. Logroño, s/n ☎ (941) 44 30 32.

NALDA

Ayuntamiento Carrera, 1
☎ (941) 44 72 03.
Iglesia Parroquial de la Asunción
☎ (941) 44 71 32.
Restaurantes:
Peñabajenza Mayor, 30. Cabrito asado
☎ (941) 44 71 53.
Joto Ctra. Soria km 15. Chuletas al sarmiento ☎ (941) 44 70 16.
El Molino Ctra. Nalda. Cordero asado
☎ (941) 44 73 45.
Hostal Peñabajenza Mayor, 30
☎ (941) 44 71 53.

SORZANO

Iglesia Parroquial San Martín.
Mayor, 1 ☎ 44 17 40.
Granja Escuela El Molino Av. Cien Doncellas ☎ (941) 44 72 15.
Embutidos La Estrella Juan Calvo, 4
☎ (941) 44 72 82.

SOJUELA

Ayuntamiento Mayor, 42
☎ (941) 44 60 93
Iglesia de Santa María
☎ (941) 44 48 43 (con Medrano).

MEDRANO

Ayuntamiento Pza. Mayor
☎ (941) 44 48 04.
Iglesia Parroquial de la Natividad
☎ (941) 44 48 43.

DAROCA

Iglesia del Patrocinio
☎ (941) 44 48 43 (con Medrano).
Restaurante Venta Moncalvillo Cocina casera ☎ (941) 44 48 32.

ENTRENA

Ayuntamiento Mayor, s/n.
☎ (941) 44 60 77.
Parroquial de San Martín Pza. Iglesia, 2 ☎ (941) 44 61 77.
Convento de Clarisas
Cº Convento, 1 ☎ (941) 44 60 79.

Bodegas Sáenz Garrido Barrio Bodegas
☎ (941) 25 24 63.

ISLALLANA

Iglesia de San Pedro Apóstol ☎ (941) 44 17 40 (con Sorzano).

VIGUERA

Ayuntamiento Pza. España, 9
☎ (941) 44 20 78.
Iglesia Parroquial de la Asunción
☎ (941) 44 71 32 (con Nalda).
Restaurante Don Pedro Mayor, 3
Cocina riojana ☎ (941) 44 21 00.
Embutidos Señora Julia Eras, s/n.
☎ (941) 44 20 23.
Piscifactoría Viguera Ctra. km. 311
☎ (941) 44 21 10.

PANZARES

Mesón Los Ángeles Carretera, s/n.
☎ (941) 44 21 12.
Mesón Panzares Carretera, 7
☎ (941) 44 21 69.

NESTARES

Iglesia de San Martín
☎ (941) 46 00 30 (con Torrecilla).

TORRECILLA EN CAMEROS

Ayuntamiento Sagasta, 3
☎ (941) 46 00 14.
Iglesia Parroquial de San Martín San Francisco, 3 ☎ (941) 46 00 30.
Ermita de Tómalos ☎ (941) 46 01 08.
Restaurantes:
La Terraza I Sagasta, 9. Caparrón con tocino y chorizo ☎ (941) 46 00 42.
La Terraza II Sagasta, s/n. Cocina riojana ☎ (941) 46 02 33.
Hostal Sagasta San Juan, 4
☎ (941) 46 02 92.
Embutidos el Serradero Ctra. Serradero
☎ (941) 46 02 09.
Piscifactoría El Iregua Ctra. Logroño Soria ☎ (941) 46 00 43.

ALMARZA DE CAMEROS

Ayuntamiento Plaza, s/n.
☎ (941) 46 02 48.
Iglesia Nª Sra. del Campillo
☎ (941) 36 00 30 (con Torrecilla).
Casas rurales:
Casa Monterrey 6 plazas Mayor, s/n.
☎ (941) 46 02 68.

Casa Rodrigo 6 plazas Castillo, s/n.
☎ (941) 46 02 45, 989 70 54 40.

PINILLOS
Casa Rural Calderas
4 plazas La Iglesia, 21 ☎ (941) 46 03 09.
Iglesia de la Asunción
☎ (941) 36 00 30 (con Torrecilla).

NIEVA EN CAMEROS
Ayuntamiento Antonio Merino, 1
☎ 46 01 53.
Iglesia de San Martín
☎ (941) 46 20 19 (con Ortigosa).
Casa Rural Canchales 12 plazas
☎ (941) 46 00 83, 25 43 25.

EL RASILLO
Ayuntamiento Iglesia, 6
☎ (941) 46 21 01.
Iglesia Sta. Mª Eras
☎ (941) 46 20 19 (con Ortigosa).
Club Náutico El Rasillo
Ctra. Rasillo Nieva ☎ (941) 46 21 74.
Restaurantes:
Cameros Ctra. Urbanización.
Setas, caza ☎ (941) 46 21 21.
Club Náutico Ctra. Rasillo Nieva.
Cocina riojana ☎ (941) 46 21 74.
Café Mar San Mamés, 2
☎ (941) 46 21 12.
Casas rurales:
Casa Cospedal 6 plazas. El Roble, s/n.
☎ (941) 46 21 37.
Casa Los Robles 10 plazas Los Robles, s/n. ☎ (941) 46 23 84, 23 59 58.
Casa Mabe 8 plazas La Mata, 17
☎ (941) 46 21 19, 23 86 69.
Casa Los Pinos 6 plazas. Generalísimo, 6
☎ (941) 46 22 41, 46 21 34.
Casa El Vallejo 8 plazas. Posada, 5
☎ (941) 46 21 82, 908 57 04 87.

ORTIGOSA DE CAMEROS
Ayuntamiento Pza. Alberta Martínez, 1
☎ (941) 46 22 76.
Iglesia Parroquial de San Martín
☎ (941) 46 20 19.
Cuevas naturales de Ortigosa en el mismo pueblo se visitan.
Restaurante Las Grutas Las Grutas, s/n. Cocina riojana ☎ (941) 46 20 34.
Casa Rural Maza 5 plazas. Juan Moreno, 17 ☎ (941) 46 23 31.

Embutidos y conservas El Robledillo
Juan Moreno, 2 ☎ (941) 46 22 9´.

VILLANUEVA DE CAMEROS
Ayuntamiento Ctra. Soria, 3
☎ (941) 46 23 80.
Iglesia Parroquial de San Martín
☎ (941) 21 11 00.
Restaurante Los Nogales Ctra. Soria, s/n. Pochas, cordero ☎ (941) 46 21 83.
Hostal Los Nogales Ctra. Soria, s/n.
☎ (941) 46 22 08.

PRADILLO
Ayuntamiento Carretera, s/n
☎ (941) 46 22 04.
Iglesia de San Martín
☎ (941) 21 11 00 (con Villanueva).

VILLOSLADA DE CAMEROS
Ayuntamiento Francisco Zabala, 2
☎ (941) 46 80 02.
Iglesia Parroquial Nuestra Sra. del Sagrario ☎ (941) 46 80 08.
Restaurante Corona Paseo Larios, 1.
Cocina riojana ☎ (941) 46 80 05.
Posada Hoyos del Iregua Francisco Zabala, 10 ☎ (941) 46 82 56.
Hostal Trece Villas Trinidad, 24
☎ (941) 46 80 77.
Campin Los Cameros 580 plazas. Ctra. Lomos ☎ (941) 46 81 95, 74 70 81.

LUMBRERAS
Ayuntamiento Solana, s/n. ☎ 46 8´ 31.
Iglesia de San Bartolomé
☎ (941) 46 80 08 (con Villoslada).

SAN ANDRES DE CAMEROS
Museo Etnográfico Lo enseñan Felisa
☎ (941) 46 82 45 e Isabel ☎ 46 80 25.
Iglesia de San Andrés Apóstol
(con Villoslada).
Cestería Alejandro Salvador Arriba, 6
☎ (941) 46 81 94.

RUTA 4. POR EL IREGUA

En **Lardero** iniciamos esta ruta por el río Iregua, que es la más recorrida por los logroñeses. Lardero todavía conserva su templete de crucero del siglo XVI, la iglesia de San Pedro y la basílica de San Marcial, con su retablo de Diego Camporredondo; de su sabrosa huerta que da excelentes frutas y verduras no le faltan ricas conservas, también tiene artesanos de la cestería y el hierro artístico; interesante el Cementerio Civil de la Barranca donde reposan muchos muertos de la Guerra Civil y muestra escultura de gran fuerza de Dalmati; se pueden dar buenos paseos a caballo o a pie disfrutando de interesantes alrededores en torno al Pico del Águila, Monte la Pila, la Tejera o el monte la Coronilla donde puedes llegar hasta su cueva rupestre. **Alberite** está a un paso y guarda tesoros que vamos a visitar: el Retablo Mayor, presidido por un San Martín espléndido, vestido de obispo y sentado sobre su trono, en su iglesia parroquial de San Martín para que disfrutes con el trabajo de los escultores Arnao de Bruselas y Maestre Anse; también el retablito de

Río Iregua.

Alberite. Vista general.

Lardero. Basílica de San Marcial (s. XVIII).

la Virgen del Rosario de Diego Camporredondo; sobre la puerta oeste hay una imagen de madera muy dañada del santo titular; no dejes de ver el Cristo de las Manos del pintor alberiteño Emilio García Moreda; también merecen una mirada la torre y el bello conjuratorio sobre la puerta de entrada, y esa placita pequeña y coqueta formada por interesantes casas de piedra; la casa natal del Pintor Moreda, la plaza que lleva su nombre, la Casa del Mesón de portada renacentista, lo que queda del castillo de doña Urraca y otros caserones de piedra; su más antigua reliquia es una estela funeraria romana que recuerda la muerte de una niña; la huerta da excelentes frutas y verduras; es un placer contemplar la elaboración de barricas de roble que acogerán el vino y lo envejecerán y no menos placer probar unas banderillas en conserva que hacen entrar en ganas de comer.

Con tan buen gusto de boca llegamos a **Villamediana de Iregua**, que

Bosque en las riberas del Iregua.

San Martín de Tours, un santo que repite

La coincidencia, en esta ruta, de ofrecer diez pueblos su iglesia a San Martín me anima a comentar brevemente su biografía y a fijarme en cómo lo representan en cada templo, lo que puede ser un aliciente al seguir la ruta por el Iregua. Martín nació el año 316 en Ponomia, hijo de un tribuno militar y con 15 años se alistó en la milicia llegando a ser oficial del ejército romano; a los 18 se convirtió al cristianismo bautizándose en Amiens. Más tarde fue ordenado sacerdote y en Poitiers fue discípulo de San Hilario; después se retiró a Ligugé, uniéndosele varios discípulos y fundando el más antiguo monasterio de Francia. El año 371 fue elegido obispo de Tours, lo que le permitió organizar numerosas parroquias en villas y aldeas. Murió el 397, siendo enterrado en Tours y su tumba fue objeto de peregrinaciones y acaso se convirtió en el santo más popular de Francia. La tradición cuenta que estando en Amiens partió su capa con la espada y entregó la mitad a un pobre, por lo que ha sido modelo de caridad para los cristianos. La abundancia de templos dedicados a San Martín en La Rioja se debe, con toda seguridad, a los peregrinos franceses venidos por el Camino de Santiago que se establecieron en estas tierras. La iconografía representa a San Martín de Tours: a caballo, vestido de militar, partiendo la capa con el pobre; vestido de obispo y sentado sobre un trono; vestido de obispo y de pie.

Villamediana de Iregua.

Albelda de Iregua.

acuesta sus casas en la ladera del cerro San Cristóbal y siembra sus huertas a la orilla del Iregua. Entre sus añosos edificios de piedra está la que ocuparon los monjes del monasterio de San Prudencio del monte Laturce, con escudo abacial; su iglesia de la Asunción conserva la torre cuadrada pero casi todo el mobiliario se quemó en los años 30; es curioso el frontón que está más bajo que el nivel del suelo; a dos kilómetros está la finca Río Bravo dedicada a la ganadería de reses bravas, con su tentadero y entorno campestre donde la Casa de Andalucía celebra la Romería del Rocío y otros grupos abundantes y animadas fiestas. Cerca de Logroño bue-

Vistas de las localidades de Sorzano (a la derecha), y Medrano (abajo).

nos artesanos trabajan la madera de nogal para poner en el mercado unos muebles como se hacían antes. Siguiendo el curso del río nos presentamos en **Albelda de Iregua**, cuya pujanza de sus gentes ha impulsado la creación de industrias de licores, embutidos, salazones... De su pasado glorioso tenemos recuerdos de San Martín y de su iglesia, ambos edificios desaparecidos; del escritorio del monasterio salió el "Cronicón Albeldense" y se recibió el año 950 al obispo francés Godescalco, primer peregrino de nombre conocido, al que se le copió un libro sobre la virginidad de María que se conserva en París. En la nueva iglesia preside el Retablo Mayor una joya renacentista del escultor Maestre Anse donde el santo titular aparece con las prendas y objetos que caracterizan al obispo; fíjate que todas las imágenes parecen estar en paso de baile, muy característico de Anse. Interesante visitar y llevar pacharán, encurtidos, anchoas y embutidos. En el nuevo parque, esculturas modernas de Miguel Ángel Sáinz. Enseguida nos presentamos en **Nalda** para observar la puerta gótica de la muralla, que recuerda su pasado medieval; y su Cristo, también gótico al que se reza en la parroquial de la Asunción, del XVI, donde podrás ver los restos del retablo mayor que no se quemaron ni fueron a parar al Museo Marés de Barcelona, realizados por Anse y Araoz dirigidos por Arnao. A las afueras, ermita de Villavieja y un poco más lejos los yacimientos de Peñaguerra con dólmenes que hablan de la prehistoria. De su extraordinaria huerta tienen merecida fama las fresas, melocotones, ciruelas claudias... Alejándonos un poco del Iregua llegamos a **Sorzano** donde la torre cuadrada se alza por encima de las casas y la iglesia de San Martín luce un hermosísimo Retablo Mayor lleno de fuerza, realizado por el escultor Juan Fernández de Vallejo presidiendo el santo francés a caballo partiendo su capa con el pobre. El tercer domingo de mayo celebran la procesión de las Cien Doncellas, acaso recuerdo de un viejo tributo pagado por los cristianos a los invasores musulmanes, marchando desde la iglesia hasta la ermita de la Virgen de la Hermedaña. Ricos embutidos, y en El Molino, que conserva las balsas de agua para mover la muela de moler el grano, Lola realiza primorosas almazuelas (antiguas labores de artesanía camerana que servían como colcha, tapiz, adorno de un arcón...), mientras Luis Vicente dirige el Centro de Investigación y animación Etnográfica. En **Sojuela**, donde todavía hay agricultores que elaboran su propio vino, veremos las ruinas del convento de San Julián, la iglesia de Santa María con su retablo barroco y el Campo de Golf que se está preparando. Enseguida llegamos a **Medrano**, que recoge la uva de sus viñedos y

Frutales en Entrena.

muestra su iglesia de la Natividad con retablo de fines del XVI a principios del XVII; importante fábrica de embases de madera y aún queda un artesano que hace pelotas de frontón. Nos dirigimos a **Daroca**, cuyas casas se agrupan en torno a la iglesia del Patrocinio, con torre cuadrada y rematada en cono; el extenso arbolado que rodea el pueblo permite a chopos, nogales, pinos y encinas cobijar y alimentar a jabalíes, ginetas, zorros y abundantes rapaces; algo de viñedo también se cultiva. Vamos hacia **Entrena**, que nos recibe con un hermoso crucero, es población pujante

Dos aspectos de Viguera.

que ha sabido montar fábricas de encurtidos, elaboración de zumos, preparación de hortalizas entre las que destacan el puerro y la zanahoria. Tiene iglesia de San Martín, del XVI, con un retablo en forma de horno adornado con columnas salomónicas presidido por un San Martín a caballo partiendo su capa con el pobre y ambos casi se pierden dentro de ese bosque de decoración barroca. Tiene convento de Clarisas, cuya repostería debes probar, y ermita de Santa Ana. Volvemos en busca del Iregua y en **Islallana** contemplamos el bello espectáculo de las impresionantes Peñas de Islallana y si os apetece dar una caminata podemos acercarnos hasta la falda de esos grandes mallos y acaso ascender por la parte de atrás que da más facilidades. Descubrimos un airoso puente medieval y nos acercamos a **Viguera**, que se sube

De Torrecilla a Tómalos con las botas puestas

Salimos de Torrecilla en Cameros aguas arriba del Iregua por la vieja carretera disfrutando de un hermoso paseo. A medida que vamos caminando por la estrecha carreterilla disfrutamos de interesantes vistas del Iregua que va seriamente encajonado. El paseo es muy placentero y la LR-330, por donde paseamos, nos coloca en la N-111. Entonces giramos a la izquierda y ascendemos por la carretera nacional. Una fuente de abundantes y frescas aguas, a la izquierda hay mesas donde atacarle al bocadillo. Poco más arriba está el humilladero de Tómalos y a escasos metros la Ermita de Nª Sra. de Tómalos, que dispone de santero, y está envuelta en una leyenda relacionada con la batalla de Clavijo y los caballeros cameranos que eran ofrecidos a la Virgen con la palabra: «Tómalos» y de ahí le quedó el nombre a la Virgen, que es talla gótica del XIII; muy interesante es el tríptico flamenco de la sacristía y deliciosas son las pinturas de la cúpula, salidas del pincel de José Bejes. Sigue la N-111 hacia Logroño y pronto descubrirás Torrecilla, otra fuente a la derecha de agua similar a la de Rivalosbaños. Toma un camino a la izquierda que llega al barrio de Barruelo: junto al cementerio están los restos de la iglesia de Santa María de Vegas, cuyas ruinas están consolidadas y a escasos metros la ermita prerrománica de San Andrés de gran valor arquitectónico; luego atravesamos el barrio y por el puente medieval sobre el río llegamos al punto de partida.

hasta lo alto del monte, pero un arco por el que pasa el autobús nos franquea la entrada a la plaza por una noble casa que luce escudo en la fachada; allí está la iglesia de la Asunción, del XVI, que guarda El Cristo de marfil, del XVII, y su Retablo Mayor del XVIII; interesante el recorrido por sus calles e impresionantes las vistas desde el Mirador del Peñueco desde donde se obtiene la más bella fotografía del río Iregua con los mallos de Islallana al fondo; también podrás contemplar la ermita de San Esteban, anterior al XII, con su bóveda al descubierto, sin tejado, con unas pinturas muy maltratadas, pero interesantísimas; junto al pequeño templo se conservan restos de viviendas rupestres de un poblado altomedieval, pero la ladera que hay que subir no está para todos los pies. Y algo que pocos han logrado es subir a los restos de la torre vigía de Viguera, si eres valiente y osado acaso lo consigas. En **Castañares de las Cuevas** se conserva un castillo del tipo de las fortificaciones rupestres, que aprovechando las cuevas de un farallón rocoso forman un recinto defensivo posiblemente de fines del XII. En **Panzares** puedes hacer un alto gastronómico en cualquiera de sus dos mesones. **Nestares** tiene buenas vistas desde sus 860 m de altura y una iglesia con linda torre y un San Martín en pie empuñando el cetro episcopal y vistiendo las

Nieva de Cameros. Cueva de Peñamiel.

Ortigosa. Vista general.

ropas de su ministerio; también podemos visitar la Cueva del Maestro, recorrer sus campos con abundantes hayas e ir a la caza del jabalí o la paloma. **Torrecilla** es capital de los Cameros, fue residencia de la nobleza camerana y villa natal del político Práxedes Mateo Sagasta; a la entrada está la Fuente de Rivalosbaños, que ya descrita por Pascual Madoz en su *Diccionario.* El Iregua divide Torrecilla en dos barrios, pero un puente medieval se tiende para franquear el paso a Barruelo. Torrecilla tuvo tres iglesias: San Martín en el núcleo central, Santa María de Vegas en Barruelo y Nuestra Señora de la Expectación en Villamayor. La iglesia parroquial de San Martín es del XVI con

Villoslada de Cameros. Vista general.

Villoslada. Taller de artesanía textil y resultado de su trabajo.

torre reformada en el XVIII y Retablo Mayor con tres cuerpos y ático, presidido por San Martín sentado en su trono y vestido de obispo; la ermita de San Pedro tiene un gran valor arquitectónico; un paseo por el caserío torrecillano te mostrará la casa natal de Sagasta, diversos palacios e interesantes casas de arquitectura serrana; no dejes de subir hasta el Corazón de Jesús desde donde se contempla una bella vista. Sus establecimientos hosteleros gozan de buena fama y parece que pronto dispondrá de campo de golf. Cueva Lóbrega es una cavidad natural donde se hallaron importantes restos neolíticos.

Almarza, a 1.079 m de altura es pueblo ganadero que dedica su iglesia a la Virgen del Campillo luciendo un bello Retablo Mayor de Simeón de Cambray; es buen lugar para disfrutar de campos con abundantes bosque, arbustos y para la caza de perdiz, codorniz, liebre y jabalí. En **Pinillos** puedes disfrutar de la naturaleza serrana a más de mil metros de altura. **Nieva** acuesta sus casas de típica arquitectura serrana bajo la peña del Castillo; dedica su iglesia a San Martín de Tours, cuyo retablo preside montado a caballo; tiene buena pila bautismal y una joya que debes contemplar: la Virgen de Castejón, una de las tres vírgenes románicas más bellas de la Rioja. En Nieva aparecieron varias estelas funerarias romanas que se encuentran: en la sacristía, en la ermita de la Soledad y en casas particulares. En las cuevas de Peña Miel se descubrieron muchos restos del paleolítico. Desde Nieva se pueden dar buenos paseos: a la aldea de **Montemediano**; a las ermitas de la Soledad, del Collado, San Pelayo, San Antón y Castejón. Nos dirigimos a **El Rasillo**, pueblo de arquitectura serrana con buena oferta turística gracias a los deportes acuáticos: windsurf, tabla, piragüismo y barcas de recreo que se practican en el Club Náutico del Embalse González Lacasa. Tiene iglesia de Nuestra Señora de las Eras y ermita de San Mamés. La casa de Victoriano Labiano es como un museo etnográfico. Buena gastronomía, ricos embutidos y buen lugar para hacer senderismo hasta el Alto Argenzano con excelente panorámica de San Lorenzo, Urbión, Valle de Roñas, Valvanera; o hasta la Cueva Cerranco, donde se escondió el general Zurbano tras sublevarse en apoyo de Espartero; de allí salió para ser fusilado en Logroño. El Rasillo es lugar ideal para buscar perrechicos, senderuelas, níscalos y otras setas. **Ortigosa** es un bello pueblo entre cuyas calles debes perderte para contemplar su arquitectura civil y su crucero; tiene dos iglesias: San Martín, presidiendo la Virgen desde su camarín y San Martín, vestido de obispo, desde el ático; también hay una Santa Generación de Hernando de Murillas; y la iglesia de San Miguel. De fama mundial son las cuevas La Viña y La Paz, llenas de estalactitas y estalagmitas que junto con la luz forman como una maravillosa basílica de opacas trasparencias. Muy buena artesanía a base de almazuelas, fuagrás, paté, mueble, y no falta la miel. Es lugar de caza del jabalí, paso de la paloma y pesca de trucha a lo largo de todo el Iregua. Antes de llegar a **Pradillo** la ermita del Villar, con su torre de espadaña y su entorno bonito, nos sale al encuentro; es pueblo pequeño que hay que ver; en el Retablo Mayor de su iglesia hay un relieve de San Martín a caballo cortando su capa con la espada para dársela al pobre. A corta distancia está **Gallinero**. Escalonando sus casas en la ladera orientada a los soles de mediodía está **Villoslada** donde debes perderte entre sus calles para apreciar su arquitectura camerana, aunque el balcón esquinado del ayuntamiento debieron traerlo de Extremadura los ganaderos trashumantes. Tiene puente medieval, iglesia del Sagrario con Cristo gótico del XIV. De su artesanía destacan las almazuelas. A unos 8 km se encuentra la **Ermita de Lomos de Orios** a donde acuden en romería cada primer domingo de julio doce o catorce mil personas para recibir la Caridad Grande: una ración de carne y pan benditos; el origen de la tradición se remonta al año 1520 cuando un grupo de pastores con sus ovejas se vieron asaltados por soldados comuneros; tras pedir ayuda a la Virgen, una espesa niebla bajó y pudieron huir conservando sus rebaños; en agradecimiento a la Virgen por el milagroso suceso, se entrega la caridad y se realiza la romería, la más popular de toda La

Embalse González Lacasa.

Ermita de la Virgen de Lomos de Orios.

Alrededores de la ermita de Lomos de Orios.

Rioja. **Lumbreras** se sube a lo alto para tener buena vista sobre sus aldeas y aún conserva parte de su torreón junto a la ermita de la Torre con virgen del siglo XIV; en la calle Real abundan los caserones de piedra blasonados que recuerdan buenos tiempos de la ganadería cuando Las *Trece Capas Granas* representaban a otras tantas familias acaudaladas. La iglesia de San Bartolomé, del XVI, tiene pórtico empedrado, Retablo Mayor en forma de horno con columnas salomónicas, órgano barroco y otras buenas tallas. Desde su Mirador de la Torre se contempla una panorámica bellísima. La Mancomunidad de las Trece Villas organiza la Romería a la Virgen de la Luz el domingo anterior a San Juan con reparto de pan y carne. La ermita de la Luz y la Venta fueron en el pasado refugio de muchos viajeros al cruzar el puerto. La aldea de **Pajares** está sumergida bajo las aguas del pantano de Pajares. Y acabamos nuestro recorrido visitando la aldea de **San Andrés de Cameros** donde puedes ver el Museo Etnográfico que trata de conservar muchos de los utensilios que formaron parte de la vida de estas aldeas; allí verás también una estela funeraria romana que data del siglo I d. de Cristo. Podrás visitar el horno comunal donde antaño se cocía el pan, y la iglesia de San Andrés Apóstol, que luce un bello retablo renacentista de Simeón de Cambray que incorpora un cuerpo de pinturas. Todo lo podrás ver bien explicado por Felisa e Isabel, que saben hacer pastas riquísimas para endulzar este hermoso recorrido.

Lumbreras.

RUTA 5. LEZA Y JUBERA

Iniciamos nuestra ruta en **Agoncillo** visitando el Castillo de Aguas Mansas, que sufrió las luchas fronterizas entre los reyes de Pamplona y Castilla durante el siglo XII; San Francisco de Asís se hospedó en este castillo, invitado por el capitán Medrano cuando atravesó La Rioja camino de Compostela; y a ti te encantará cuando lo visites porque está recién restaurado albergando las dependencias municipales; la puerta de ingreso es ojival con la cruz de Calatrava en la clave, y en el pasado debió tener un foso de agua que rodeaba la fortaleza. Es famosa la torre de la iglesia por su ligera inclinación, construyéndose en el XVIII por amenazar ruina la anterior. En el interior del templo destaca por su belleza el Retablo Mayor, renacentista, atribuido al taller de los Beaugrant, realizado a mediados del XVI y restaurado hace poco para mostrar todo su encanto. También encontrarás en sus tierras regaliz de palo que endulzará tu paladar mientras te acercas a **Murillo de río Leza**, que estira su caserío entre los ríos Leza y Jubera que se juntan aquí, por algo tiene dos hermosos puentes; pero los orígenes de Murillo hay que buscarlos en lo más elevado de su casco urbano, que llaman la Villa asomándose al río Leza; todavía se intuye una estructura medieval con las calles abriéndose a una plaza; de la casa palacio de los Garcés de los Fayos sólo el escudo de armas parece recordar su antigüedad. La iglesia de San Esteban

Murillo de Río Leza. Puente sobre el Jubera y Bodega Cooperativa al fondo.

Vista de Ribafrecha.

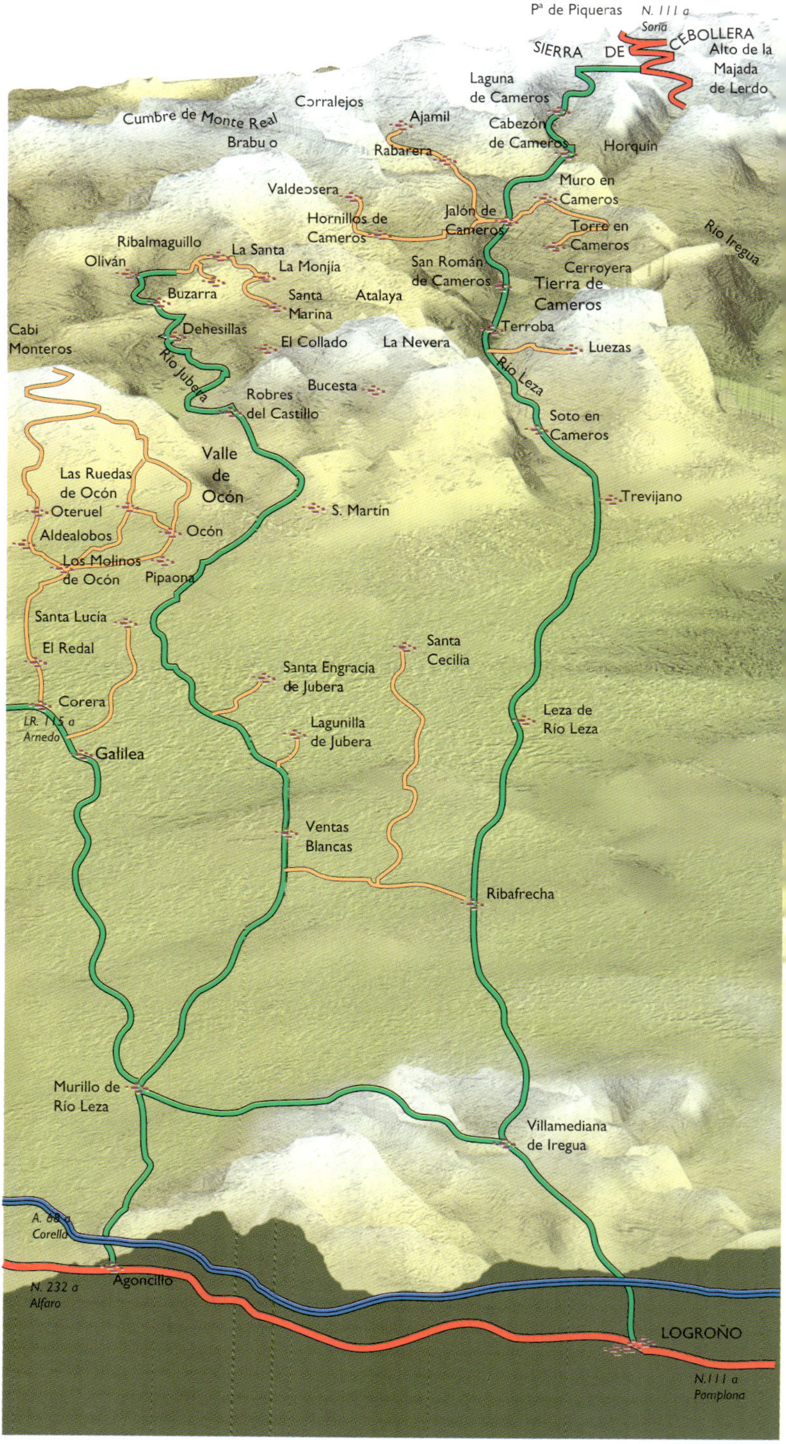
Pª de Piqueras
N. 111 a Soria
SIERRA DE CEBOLLERA
Alto de la Majada de Lerdo
Laguna de Cameros
Corralejos
Ajamil
Cumbre de Monte Real
Brabu o
Rabarera
Cabezón de Cameros
Horquín
Valdeosera
Muro en Cameros
Jalón de Cameros
Hornillos de Cameros
Torre en Cameros
Río Iregua
Ribalmaguillo
La Santa
Oliván
La Monjía
San Román de Cameros
Cerroyera
Buzarra
Santa Marina
Atalaya
Tierra de Cameros
Cabi Monteros
Dehesillas
Terroba
El Collado
La Nevera
Luezas
Río Jubera
Río Leza
Robres del Castillo
Bucesta
Soto en Cameros
Valle de Ocón
Las Ruedas de Ocón
Oteruel
S. Martín
Trevijano
Aldealobos
Ocón
Los Molinos de Ocón
Pipaona
Santa Lucía
Santa Cecilia
El Redal
Santa Engracia de Jubera
Corera
Leza de Río Leza
LR. 115 a Arnedo
Lagunilla de Jubera
Galilea
Ventas Blancas
Ribafrecha
Murillo de Río Leza
Villamediana de Iregua
A. 68 a Corella
N. 232 a Alfaro
Agoncillo
LOGROÑO
N.111 a Pamplona

RUTA 5: LEZA Y JUBERA

La ruta por el valle del Leza y su afluente el Jubera nos permitirá recorrer el Camero Viejo, el valle de Ocón y las tierras bajas desde donde iniciamos el recorrido. Partiendo de Agoncillo por la LR-261 llegamos a Murillo y siguiendo el camino de Pichilín estamos en Ribafrecha; continuando por la LR-250 llegamos a Leza y un desvío a la derecha nos deja en Trevijano; otra vez la LR-250 nos lleva a Soto, Terroba, San Román y desviándonos a la izquierda a Hornillos; Rabanera y Ajamil también por la izquierda; después de Jalón un desvío a la derecha llega hasta Muro y otro a Torre; siguiendo por la LR-250 llegamos a Cabezón y Laguna. Desde Murillo por la LR-261 recorremos el valle del Jubera; siguiendo una pista ascendemos hasta Zenzano; la LR-261 pasa por Ventas Blancas y un desvío a la derecha nos pone en Lagunilla; continuamos llegando a Jubera y Robres del Castillo, aunque varios despoblados se nos ofrecen a la izquierda de nuestra ruta en la zona de las Alpujarras. Desde Murillo por la LR-259 llegamos a Galilea, Corera, El Redal, Los Molinos de Ocón (Santa Lucía, Pipaona, Las Ruedas, Aldealobos).

INFORMACIÓN PRÁCTICA

AGONCILLO
Ayuntamiento Castillo
☎ (941) 43 10 07.
Parroquia Nuestra Señora de la Blanca ☎ (941) 43 10 14.
Castillo de Aguas Mansas
☎ (941) 43 10 07.
Restaurantes:
Chusmi Ctra. Zaragoza. Cocina riojana
☎ (941) 43 10 31.
Don Pablo Ctra. Zaragoza (Recajo. Cocina casera ☎ (941) 43 11 57.
El Molino Ctra. Zaragoza km 11 Cordero asado ☎ (941) 43 13 16.
El Sequero Ctra. Zaragoza (El Sequero). Carne a la brasa ☎ (941) 43 70 08.
Alojamiento:
Hostal El Molino Ctra. Zaragoza km 11
☎ (941) 43 13 16.
Hostal El Sequero Ctra. Zaragoza (El Sequero) ☎ (941) 43 70 08.

MURILLO DE RIO LEZA
Ayuntamiento Mayor, 30
☎ (941) 43 20 10.
Parroquia de San Esteban
Mayor, 93 ☎ (941) 43 20 05.
Centro de Salud Jesús del Río, 4
☎ (941) 43 24 11.
Restaurante Plaza Pza. España, 16. Cocina riojana ☎ (941) 43 21 59.
Bodega Cooperativa
Ctra. Agoncillo, s/n ☎ (941) 43 24 22.

RIBAFRECHA
Ayuntamiento Escuelas, 7
☎ (941) 43 80 02.
Parroquia de San Pedro
☎ (941) 43 40 10.
Embutidos Santolaya Boticón, 2
☎ (941) 43 40 05.

SOTO EN CAMEROS
Albergue «Hospital San José»
Ctra. s/n ☎ (941) 43 90 33.
Casa Rural El Huerto Mayor, 18 (6 plazas) ☎ (941) 43 90 35.
Mazapanes de Soto Marqués de Vallejo, s/n ☎ (941) 43 90 08.
Almazuelas Chus la del Albergue
☎ (941) 43 90 33.
Panadería Palacios Marqués de Vallejo, s/n ☎ (941) 43 90 25.

TREVIJANO
Casa Rural Daría Fontana, 4 (5 plazas)
☎ (941) 43 90 53.
Artesanía:
Telares, Sami Freije ☎ (941) 43 90 31.
Encuadernación, Isabel Elías
☎ (941) 43 90 42.
Almazuelas, Pedro Blanco.

SAN ROMÁN DE CAMEROS
Ayuntamiento Solano, 14
☎ (941) 46 40 85.
Iglesia de la Asunción (con Laguna)
☎ (941) 46 41 35.
Museo Molino del Corregidor
Ctra. km 21,8 ☎ (941) 46 42 16.
Museo parroquial ☎ (941) 46 41 35.
Casas rurales:
Casa Calonge Cantarranas, 2 (10 plazas)
☎ (941) 46 40 67.
Molino del Corregidor Ctra. km 21,8 (6 plazas) ☎ (941) 46 42 16.

Quesos Javier Lasanta Iglesia, s/n
☎ (941) 46 40 03.
Artesanía: Cestería, Cali;
Escriños, Saturnino.

AJAMIL
Casa Rural Galilea Barrio Bajero, 1
(6 plazas) ☎ (941) 46 40 77, 26 22 20.
Zona Acampada La Balsa
☎ (941) 46 40 72 y 46 42 03.

CABEZÓN DE CAMEROS
Albergue Señorío de Cameros
☎ (941) 29 12 29.

LAGUNA DE CAMEROS
Ayuntamiento Pza. José Cámara, 2
☎ (941) 46 42 00.
Iglesia de la Asunción
☎ (941) 46 11 35.
Casa Rural Sto Domingo (4 plazas)
☎ (941) 46 42 40 y 22 06 08.

VENTAS BLANCAS
Restaurante El Paso Real, 1
☎ (941) 43 23 28.

EL REDAL
Ayuntamiento Escuelas, 7
☎ (941) 43 80 02.
Bodega Cooperativa Ctra. Corera, s/n
☎ (941) 43 80 05.

CORERA
Ayuntamiento Iglesia, 15
☎ (941) 43 80 09.
Parroquia de San Sebastián
Pza. Iglesia, 8 ☎ (941) 43 80 75.

GALILEA
Ayuntamiento Anselmo González, 8
☎ (941) 48 00 71.

Leza de Río Leza. Vista general.

se edificó en el XVI sobre otra medieval, marcando el inicio de las nuevas construcciones y el crecimiento hacia el sur; el templo tiene una nave espectacular por su tamaño y una bóveda con cúpula sobre pechinas, sostenida por columnas corintias; su Retablo Mayor es el primero que utiliza columnas salomónicas gigantes en La Rioja y dedica su parte central al descubrimiento del cuerpo de San Esteban y muestra en lo alto el escudo de armas de los Ramírez de Arellano. Tiene gran coro con sillería, abundantes retablos, púlpitos con tornavoces, un gran órgano vacío y una sacristía extraordinaria por su cajonería, altares y excelentes pinturas; tiene portadas al norte, al sur y en el Santo Cristo, además de un bello conjuratorio formado por dos grandes arcos de medio punto. La torre, que acaba de estrenar chapitel, es obra de Santiago Raón y es la pionera de toda una serie de torres barrocas que surcan la geografía riojana. En la calle Grande hay dos casas palacio y una en la calle Chica y en sus tierras tres ermitas: la de Santa María, la de Santa Ana (un templete de crucero con sus arcos cerrados) y la de San Vicente en ruinas. La Bodega Cooperativa, creada en 1955, elabora el vino de sus cepas. Buena caza y buenas bodegas de merendar en Murillo, además del Mirador de la Cubacha desde donde tendrás la mejor vista del pueblo, del valle y de los dos ríos. Desde Murillo, por el camino de Pichilín, enseguida nos presentamos en **Ribafrecha** (también puedes ir por Villamediana), ejemplo de poblamiento en torno a un barranco, aunque tiene elementos interesantes como para alegrarnos de

Cañón del Río Leza.

haber venido: Aquí hacen unos chorizos que dicen cómeme; el Retablo Mayor de su iglesia de San Pedro es un mueble litúrgico de gran belleza, obra de Santiago del Amo en 1721, capaz de influir en los de Leza, San Román, Laguna y hasta en el de la iglesia de Santiago de Calahorra; con tantas columnas salomónicas y bulbosas, que se apoyan sobre repisas salientes para crear una sensación de inestabilidad, tan del gusto de los artistas del momento. En el templete relicario está la Virgen de Beraza, talla gótica del XIV, en el lugar central San Pedro, encima la Asunción y el ático en forma de horno. En el casco urbano está la ermita de la Virgen de la Cuesta, con planta de cruz griega y cúpula; también cuenta con un par de casas palacio y un puente sobre el Leza. Al dejar Ribafrecha, desde la carretera contemplamos las ruinas del monasterio de San Prudencio en el monte Laturce; ascendiendo por la vaguada hay un agradable paseo; en este monasterio estuvieron durante siglos los restos de San Prudencio, San Félix y San Funes, ahora están expuestas sus arquetas y relicarios en La Redonda de Logroño. Hasta hace pocos años se podía leer esta inscripción:

Entra con sumo silencio
de esta cueva al feliz suelo,
pues la convierten en Cielo
Félix, Funes y Prudencio.

La carretera sigue su camino y nos muestra desde lo alto el caserío de **Leza de río Leza**, que se acuesta en el fondo del valle en torno a su iglesia de Santa María de la Blanca de torre cuadrada, que guarda en su interior la imagen de la patrona, el Cristo gótico y un hermoso retablo del XVIII que es fiel reflejo del de Ribafrecha; aún queda en Leza una antigua nevera que conservaba la nieve hasta el verano, dos ermitas románicas, dedicadas a la Virgen del Plano y a San Martín; te aconsejo un buen paseo por su entorno. Desde Leza a Soto en Cameros el río se encajona para formar el famoso **Cañón del Leza**; sigue la carretera y cuando te encuentres una roca solitaria a la izquierda, detén el coche y aparca junto a ella; te agradará contemplar la profunda garganta excavada en las tierras calizas y adornada con escasa vegetación, sólo algunos robles y carrascas, además de pinos repoblados sobre antiguas terrazas agrícolas; seguro que gozarás contemplando el planear majestuoso de águilas culebreras y buitres enormes en un cielo tan azul. Entre Leza y Soto una carreterilla a la derecha asciende hasta más de mil metros para llegar a **Trevijano**, donde se forma el más elevado balcón del Camero Viejo capaz de alcanzar en días claros hasta las cumbres del Pirineo; tiene iglesia de San Cristóbal, un original edificio que llaman el Barco, casas restauradas y se pueden dar deliciosos paseos (no es difícil ver jabalíes ni cor-

Aspecto de Soto en Cameros.

San Román de Cameros.

zos) disfrutando de serrana paz: caminando hasta las Fuentes del Restauro que es paraje de gran belleza. ¡A ver si eres capaz de llegar preguntando en Trevijano! De los oficios artesanales conserva el telar, la encuadernación y las almazuelas. Tiene una asociación que es motor de la recuperación de edificios, arreglo de calles y elemento vitalizante digno de destacar. Siguiendo el curso del Leza se llega a **Soto en Cameros** pueblecito que en el pasado fue centro transformador de la lana y capital de todo el valle con su hermosa plaza que luce estatua del benefactor Juan Esteban Elías; celebró mercado comarcal, teniendo fuente, lavadero, casino, escuelas y porticado edificio consistorial; tiene amplia iglesia de San Esteban con la mejor torre serrana del valle, conserva el antiguo Hospital de San José, que ha sido restaurado y convertido en magnífico albergue; corona el pueblo la ermita de la Virgen del Cortijo, que debes visitar ascendiendo por sus calles contemplando algunas buenas casas de arquitectura serrana con entramados de madera y otras por arreglar; desde las traseras de la ermita hay buena vista sobre el río que dibuja complicados meandros. De la gastronomía lo más destacado es el caldo soteño y los mazapanes de Soto, pruébalos y llévate para tu casa, que recordarás con dulzor este valle entrañable y serrano. A la salida está la nevera y algo más lejos varias huellas de dinosaurios.

Valle arriba se llega a **Terroba**, que tiene su caserío entre la carretera y la iglesia de Santa Eulalia (pórtico, retablo barroco, bóveda de terceletes y torre); a tiro de piedra, la ermita románica tardía de la Virgen del Collado; también tiene ganado vacuno y caballar. Y desde Terroba una pista de 5 km llega hasta la aldea de **Treguajan-**

Aspecto de la Sierra de Cameros.

Una vaca en el tejado de la iglesia

Una vaca entró en la iglesia porque estaba la puerta abierta y subió la escalera de caracol de la torre apareciendo sobre el tejado del templo cristiano con tan buena fortuna, que con las patas rompió la preciosa bóveda y quedó atrapada hasta que subieron a sacarla; cierto es y una fotografía inmortalizó el momento en que la vaca estaba sobre el tejado de la iglesia de la Asunción de Luezas. Para llegar a Luezas hay que tomar una pista a la derecha antes de llegar a Terroba.

tes, cuyas escuelas fueron donadas a mediados del XIX por una benefactora y también su grande y hermosa iglesia de San Martín la mandó construir un obispo de Astorga natural de Treguajantes; también tiene ermitas de San Blas y Sarrias. Siguiendo aguas arriba de Terroba se llega a **San Román de Cameros**, que es hoy la capital del Camero Viejo y conserva de maravilla la arquitectura popular de sus casas que se adornan con buenas solanas; ha sabido recuperar calles y placitas convirtiendo San Román en un bello pueblo serrano que te encantará visitar. Todavía conserva parte de su artesanía: cestería, escriños, fragua y elaboración de queso con leche del Camero. Ascendiendo por sus calles llegarás a la iglesia de la Asunción coronada por una torre cuadrada; recuerda el retablo de Ribafrecha y comprobarás cómo este se le parece y es también muy hermoso; es interesante el museo formado en la sacristía con las piezas traídas de los despoblados cercanos. No debes perderte el Molino del Corregidor, para que veas el funcionamiento de un antiguo molino movido por la fuerza del agua, y ten presente que desde el molino se realizan paseos por la naturaleza y al mismo tiempo es casa rural.

Seguimos adelante por una carretera a la izquierda que nos conduce a **Hornillos de Cameros** donde nació San Félix del Monte, obispo de Calahorra que al llegar los árabes (714) se refugió en Nido Cuervo haciendo vida de ermitaño; sus restos estuvieron en el Monasterio de San Prudencio en el monte Laturce y ahora están en La Redonda de Logroño. Hornillos tiene iglesia de la Asunción y dos

Detalle en Laguna de Cameros.

ermitas. Desde aquí hay buen paseo hasta el pico Atalaya (1.512 m) y también hasta **Valdeosera**, donde se encuentra el escudo de alabastro de la Casa Solar de Valdeosera. Desde la LR-250 otra carretera nos trae a **Rabanera**, un pueblecito ganadero donde se puede apreciar la arquitectura popular en casas y hasta en hornos volados; es zona de buenas setas, caza mayor y paso de la paloma. Siguiendo la carretera que lleva a **Ajamil** (1.045 m) situado en las laderas de Monte Real, cuenta con magníficos hayedos y excelente cabaña de vacuno y caballar; recorriendo el pueblo encontrarás la iglesia de la Asunción, el lavadero y buenas muestras de arquitectura popular. Se caza el jabalí, la paloma y el corzo, y si te apetece recorrer el monte puedes subir a Canto Hincado (1.758 m); Ajamil tiene dos aldeas deshabitadas: **Larriba** (los zurramaqueros utilizan un curioso atuendo con máscara, que es como cabeza de cabra con sus cuernos, grandes cencerros en pecho y espalda, un cinto de cencerrillos y sayas blancas para disfrazarse por Carnaval) y **Torre-**

De Laguna a San Román con las botas puestas

Dieceséis kilómetros tiene este hermoso recorrido de senderismo por la G. R. 93. Salimos de la parte norte de Laguna hasta llegar a unas eras desde donde se ve el cementerio. El camino hacia Tejada asciende suavemente hasta el monte Ribacinto (1.137 m) desde donde se observan los corrales de Tejada; hay que seguir el camino del río Tejada hasta llegar a la Casa Solar de Tejada, el título nobiliario más antiguo de España, que se remonta al año 844 cuando el rey Ramiro lo concedió a Sancho Fernández y a sus trece hijos por el valor demostrado en la batalla de Clavijo. Seguir el río Tejada hasta encontrar a la izquierda el barranco de Majadillos y seguimos el camino hacia los corrales de Argayo. Desde allí nos dirigimos a Muro de Cameros (1.116 m) con su iglesia de Santa Margarita construida con mampostería y sillares en los esquinazos, la torre se acaba en un chapitel piramidal y en el pórtico hay unos empedrados formando hermosos dibujos; recorriendo sus calles se encuentra el antiguo lavadero y casas de mampostería con entramados de madera; rodeándolo todo, buena masa forestal y no falta el jabalí. Dejamos Muro marchando por el camino viejo de Torre para encontrarnos con el barranco de Matamanco, atravesarlo y seguir en línea recta hasta el barranco de la Berunda, allí se gira a la derecha y se toma un camino que conduce a Torre de Cameros, con un templo de San Martín que no celebra culto, es un lugar casi despoblado que se mantiene de la ganadería. Desde Torre nos dirigimos a la ermita del Buen Suceso, en muy mal estado, y desde allí todo seguido hasta San Román.

Aspecto de Laguna de Cameros.

muña, aunque cada fin de semana suben más. Regresamos a la LR-250 para seguir hacia **Jalón de Cameros** a donde viene el arroyo Berunda a dejar sus aguas en el Leza; chopos en las riberas que se pintan según la estación y setas que se cogen en primavera y otoño según las lluvias; es pueblo de vaqueros con casas de mampostería; tiene ermita del Cristo del Humilladero, iglesia con torre a los pies y hermosos lugares para pasear. Poco más arriba encontramos **Cabezón de Cameros**, donde han aparecido huellas de dinosaurios cuadrúpedos; tiene fama el queso, aunque por toda la sierra es muy bueno; te aconsejo que recorras sus calles y camines por sus entornos. Y antes de que te des cuenta estamos en **Laguna de Cameros**, el último pueblo del Leza, a 1.041 m, donde hay que destacar la buena restauración de casas, calles y plazas; en lo alto tiene la parroquial de la Asunción, del siglo XVI, que se adorna con un Retablo Mayor del XVIII con abundante decoración y en el que se aprecia la influencia del de Ribafrecha; también tiene ermita de Santa Apolonia (abogada de las enfermedades de la boca), camino del puerto, y de Santo Domingo de Silos, escudo de alabastro del Solar de Tejada una arquitectura popular digna de ver. También aparecen en la villa hermosos recuerdos dedicados a los benefactores que tras hacer fortuna en América, levantaron escuelas y crearon fundaciones para ayudar a sus paisanos de Laguna, como el mosaico dedicado al fundador de las escuelas. Aunque no figuran restaurantes, en los bares hallarás qué comer, y sus embutidos siempre han tenido fama. Desde Laguna asciende la carretera hacia el **Collado de Sancho Leza** y encanta ver por el camino bosques de hayas, robles, pinos y diferentes arbustos; en lo más alto de Sancho Leza las vistas son extraordinarias, y cuando el invierno pinta los montes de blanco, se pueden practicar deportes en la nieve. Bajando el puerto nos encontraríamos con el valle del Iregua.

Regresando a Murillo para iniciar la **Ruta por el Jubera**, afluente del Leza, pronto se llega a **Ventas Blancas** donde podrás visitar las ruinas de un pequeño templo visigótico del siglo VI llamado Santa María de Rute, y aquí comienza un despoblamiento feroz que se inició en los años sesenta.

De Ventas a **Lagunilla de Jubera** hay un paso. En tiempos debió estar amurallado, pero hoy lo más interesante está en su iglesia de San Andrés, con una torre de tres cuerpos que se eleva sobre el caserío; guarda en su interior un espectacular Retablo Mayor realizado entre 1576 y 1580 por Juan Fernández de Vallejo, con banco, dos cuerpos y ático, organizado en 5 calles con esculturas monumentales llenas de fuerza y grandiosidad; destacan de todo el conjunto San Andrés como titular y encima la Ascensión, apreciándose la

Cabezón de Cameros.

influencia italiana de Miguel Ángel Buonarroti y del Concilio de Trento; debo explicar que esas figuras llenas de fuerza y gestos expresivos no gustaron a los encargadores del retablo acostumbrados a imágenes mucho más dulces; pero los tasadores los convencieron de la extraordinaria calidad del retablo. Regresando a la carretera por el Valle del Jubera, metiéndonos a la derecha llegamos a **Santa Engracia de Jubera**, que recuerda mejores tiempos y nos introduce poco a poco en la sierra; a su derecha puedes llegar, por pistas forestales, a las aldeas de **San Bartolomé** y **Santa Cecilia**. Aguas arriba del río nos presentamos en **Jubera** donde nos aguarda un castillo medieval de impresionante factura, que corona el cerro ocupando parte de sus laderas con las amplias cercas de sus murallas perimetrales; en la parte inferior aparece la entrada de una cueva que comunica con el interior de este castillo, que parece árabe y no es desacertado pensar que formara parte, durante los primeros siglos de la Reconquista, de una línea defensiva musulmana junto al de Clavijo y otros más que llegarían hasta Cervera; su antigüedad se remonta por lo menos al siglo X. Tiene una mina de plomo, que hace años se cerró; cerca de Jubera puedes visitar también la aldea de **San Martín** donde sólo vive un matrimonio. Y siguiendo la carretera que asciende paralela al río nos presentamos en **Robres del Castillo**, que debe su nombre a una pequeña fortaleza de recinto cuadrado con cubos en las esquinas hoy muy arruinada, que aunque ha conocido mejores tiempos, tiene iglesia de San Miguel que conserva restos románicos del primitivo templo del siglo XII, un lindo puente, varias ermitas y aldeas que puedes visitar. El paisaje es her-

La Gran Dolina de Zenzano

A Zenzano se llega desde Ventas Blancas tomando una carretera que conduce a Ribafrecha y girando a la izquierda por una pista. En llegando al lugar se deja el caserío a la izquierda y se sigue hasta la ermita que está encima de la aldea, a la izquierda del camino; a la derecha del camino habrá que andar 150 metros y descubres la dolina, un gran orificio excavado en la tierra por la propia naturaleza en forma de embudo. ¡Es impresionante, palabra! Lo que acabas de ver es una pequeña dolina, pero quedan otras dos y una es la Gran Dolina, ¡es colosal!; aunque no son fáciles de encontrar para quien desconoce el terreno. Pregunta a los que tienen casa en Zenzano, ellos te guiarán.

Antiguas minas de plomo en el Jubera.

moso, aunque duro, como la vida de estas aldeas y despoblados: **Bucesta**, **El Collado**, **Dehesillas**, **Reinares**, **Buzarra**, **Santa Marina**, **La Monjía**, **Oliván**, **Ribalmaguillo**... La carretera que debía unir las industriosas poblaciones de Munilla y Enciso con Logroño a través del Jubera, se interrumpió para servir a otros intereses y colaborar en la desaparición de su importante industria, lo que le llevó al despoblamiento. Hay una pista que discurre por Sierra la Hez subiendo hasta Cabi Monteros (1.388 m), su pico más elevado.

Al volver a regresar a Murillo podemos tomar la carretera que en unos minutos nos lleva al **Valle de Ocón** y descubrir **Galilea**, que fue el primer pueblo riojano que contó con una piscina; también tiene iglesia de San Vicente en la que luce un Retablo Mayor renacentista hecho por grandes artistas con cuatro evangelistas en el banco, dos cuerpos y un gran ático; también hay un palacio de Tejada. Casi a tiro de piedra se encuentra **Corera**, con un templete de crucero a la entrada, que da cobijo a una columna levantada en 1545 para advertir a los delincuentes de la época que en Corera se administraba justicia y quien la hacía la pagaba; este era el sentido de rollos, picotas y cruceros. La iglesia parroquial tiene una hornacina sobre la puerta para albergar a San Sebastián, el santo titular; el Retablo Mayor se realizó la mayor parte en el XVI, los cuerpos altos en el XVII y se pintaron los muros a la manera ilusionista en el XVIII. También podrás ver la casa palacio del Marqués de Vargas y una inscripción muy curiosa en el ayuntamiento: ¡búscala! Poco más allá está **El Redal** donde se descubrió el importante yacimiento arqueológico Partelapeña; también tiene un hermoso retablo barroco en su iglesia de las Virtudes, y no te olvides de visitar la bodega cooperativa con buenos tintos y mejores claretes, y los cultivos de setas y champiñón. Desde El Redal rodamos hacia **Los Molinos de Ocón**, que es como la capital del resto de pueblecitos: **Aldealobos**, **Oteruelo**, **Pipaona**, **Las Ruedas**, con estrechas calles que recuerdan la arquitectura medieval, con un estupendo paseo que hay hasta el pico Cabi Monteros y un chorizo que quita el hipo; **Santa Lucía** es pueblo de pintores y escultores, con templo del XVI y airosa torre de sillería y ladrillo; y valdría la pena venir hasta **Ocón** aunque sólo fuera para ver el Retablo Mayor, realizado en 1545 por Maestre Anse, que también trabajó en La Redonda de Logroño, en Alberite y Albelda, muriendo, casi con toda seguridad, entre las llamas de la Inquisición durante la quema de luteranos de Logroño; también conserva en lo alto del monte algunos lienzos de muralla que cercaron el caserío en tiempos pasados, y junto a ellos algunas ruinas románicas de un templo cristiano.

RUTA 6. VINO, ROMÁNICO, CASTILLOS...

Con una bota de vino hecha en la calle Sagasta puedes recorrer el casco antiguo de **Logroño**, que está minado por antiguas bodegas, cuyos calados de piedra sillar se conservan como antaño; acaso las más fáciles de visitar sean la Reja Dorada en Ruavieja, el Colegio de Arquitectos en Barriocepo y el Colegio de Ingenieros en plaza San Bartolomé, que hablan de elaboración y crianza de vinos de Rioja desde hace varios siglos. El Consejo Regulador de la Denominación de Origen Calificada Rioja se creó en 1926 para salvaguardar el origen, la calidad y garantía de los vinos de Rioja. En la zona de recepción de Bodegas Campo Viejo hay un mural del pintor Ropero que refleja maravillosamente el mundo del vino, buen prólogo de la visita a una bodega con 45.000 barricas de crianza. Puedes ver bodegas centenarias como Marqués de Murrieta o Francoespañolas, otras tan modernas como Olarra o Viña Ijalba además de las que aparecen en la información práctica.

A **Fuenmayor** todavía llegan peregrinos por el Camino Viejo; si recorres sus calles, hallarás motivos jacobeos: Santiago a caballo, el perro de un peregrino, o una calavera con dos tibias cruzadas. No le faltan hermosos palacios, ni antiguas casonas construidas con sillares de arenisca, recuerda que estás en La Rioja de la piedra. No dejes de ver el palacio barroco con balcones esquinados que reunió a la Real Sociedad de Cosecheros de la Rioja Castellana con el objetivo de arreglar los caminos para que el vino pudiera venderse fuera de las fronteras riojanas y apostar por la calidad del Rioja. Dedica su iglesia del XVI a Santa María y guarda en su interior una talla gótica de la Virgen de la Uva, abogada de las enfermedades graves; destaca por su calidad el Reta-

Casa blasonada en Fuenmayor.

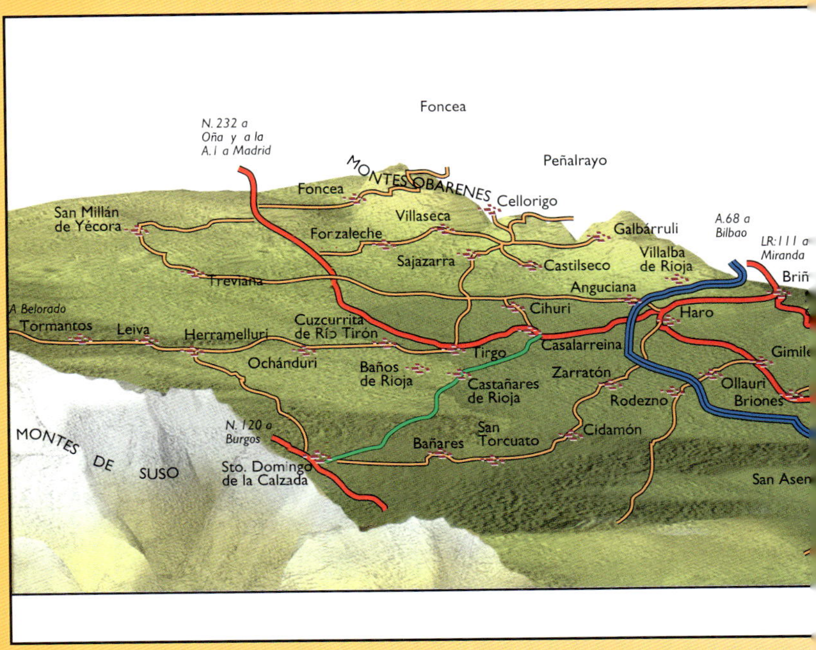

RUTA 6: VINO, ROMANICO, CASTILLOS...

Esta apasionante ruta mezcla con maravillosa armonía el mundo del vino, el arte románico, los castillos medievales con deliciosos retablos y senderos rodeados de viñas. La carretera N-232 une Logroño con Fuenmayor, Cenicero, Torremontalbo, San Asensio (girando a la izquierda por la LR-208); San Vicente de la Sonsierra y Abalos (girando a la derecha por la LR-210), Briones, Gimileo; Ollauri y Rodezno (girando a la izquierda por la LR-312), Haro, Briñas y desde Haro por la LR-202 a Anguciana y un corto desvío a la izquierda nos lleva a Cihuri; seguimos por la LR-202 y giramos a la derecha por la LR-301 para llegar a Sajazarra, desvío por la LR-403 a Castilseco; seguimos por la LR-301 y desvío a la izquierda por la LR-404 a Cellorigo; retrocedemos por la LR-301 y tomamos la LR-302 a Villaseca y Fonzaleche y por la N-232 y LR-304 a Foncea y la LR-304 nos lleva a Treviana y Herramélluri: luego Leiva y Tormantos; volvemos a Herramélluri y por la LR-201 a Cuzcurrita de río Tirón y Tirgo y la N-232 nos deja en Casalarreina.

FUENMAYOR

Ayuntamiento Av. Cenicero, 6 ☎ (941) 45 03 18.

Parroquia de Santa María Av. Cenicero, 2 ☎ (941) 45 00 53.

Pastelería La Mallorquina Av. Cenicero ☎ (941) 45 01 28.

Restaurantes:

Alameda Pza. Félix Azpilicueta, 1. Buenos pescados ☎ (941) 45 00 44.

Chuchi Carretera, 4. Horno leña, cabrito, rodaballo ☎ (941) 45 04 22.

Donal Pza. Félix Azpilicueta, 1. Especialidad carnes ☎ (941) 45 01 27.

El Porrón Av. Cenicero, 42. Pescados y carnes al sarmiento ☎ (941) 45 00 52.

El Valenciano Av. Cenicero, 20 Horno de leña, paella ☎ (941) 45 02 27.

Fuenmayor Carretera, s/n. Alubias, paella, bacalao ☎ (941) 45 02 28.

Plaza 6 Pza. Félix Azpilicueta, 6. Menestra de verduras ☎ (941) 45 10 28.

Bodegas:

A.G.E. Barrio Estación, s/n. ☎ (941) 29 35 00.

Alba C. Navarrete, s/n. ☎ (941) 45 00 46.

Cardema Las Huertas, s/n. ☎ (941) 45 01 74.

Castillo de Fuenmayor Ctra. N-232, km 13 ☎ (941) 45 03 87.

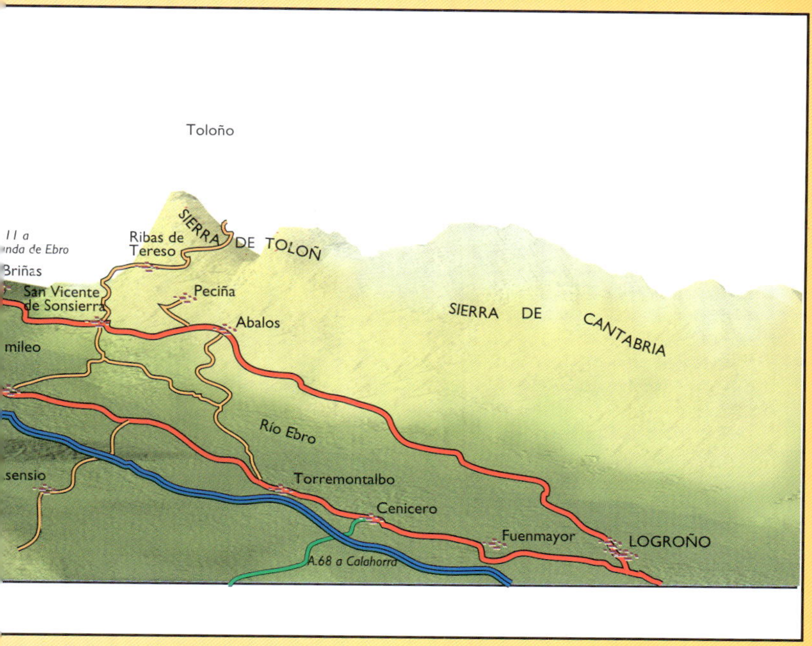

Federico García San Cristóbal, 6-7 ☎ (941) 45 01 77.
Lan Paraje Buicio ☎ (941) 45 00 50.
Marqués del Puerto Ctra. N-232 ☎ (941) 45 00 01.
Martínez Álvarez San Cristóbal, 46.
Monteleiva Ctra. Cenicero, s/n. ☎ (941) 45 05 05.
Pérez Foncea San Cristóbal ☎ (941) 45 01 42.
Petralanda Uría Ctra. Lapuebla ☎ (941) 45 04 62.
Propiedad Grial Ctra. Vitoria, km 176 ☎ (941) 45 01 94.
Real Junta San Cristóbal, 20-21 ☎ (941) 45 10 41.

CENICERO
Ayuntamiento Pza. España, 12 ☎ (941) 45 40 25.
Parroquia de San Martín Urbanos, 1 ☎ (941) 45 41 79.
Tonelería Gangutia Dr. Azcárraga, 17 ☎ (941) 45 40 15.
Restaurantes:
Asador Mª Luisa N-232, km 23. Corderito asado ☎ (941) 45 42 57.
Bodegón el Parque Pza. San Martín, 2. Cocina riojana ☎ (941) 45 44 96.
Conchita Victoria, 6. Cocina riojana ☎ (941) 45 40 38.
Mesón Riojano Centro, 1. Cocina riojana ☎ (941) 45 41 84.
Olano Victoria, 3. Patatas con chorizo, chuletillas ☎ (941) 45 43 67.
San Fernando Dr. Corral, 22. Cocina riojana ☎ (941) 45 41 99.
Toloza N-232, km 431,7. Cocina riojana ☎ (941) 45 43 27.
Bodegas:
Berberana Ctra. El Ciego, s/n ☎ (941) 45 31 00.
Consejo de la Alta Av. Fuenmayor, s/n ☎ (941) 45 50 05.
Cooperativa Santa Daría Ctra. Logroño ☎ (941) 45 41 10.
Pascual Weigand Dr. Azcárraga, 23 ☎ (941) 45 40 53.
Pérez Artacho Ctra. Logroño-Haro ☎ (941) 45 46 93.
Real Compañía de Vinos Camino del Monte ☎ (941) 45 40 07.
Riojanas Estación, 1 ☎ (941) 45 40 50.
Toloza Ctra. N-232, km 431,7 ☎ (941) 45 43 27.
Unión Viti-vinícola Ctra. Logroño ☎ (941) 45 40 00.

TORREMONTALBO
Bodega Amézola de la Mora Paraje Viña Vieja ☎ (941) 45 45 32.

SAN ASENSIO
Ayuntamiento Pza. Nueva, 1
☎ (941) 45 71 19.
Parroquial Asunción del Señor Jesús Ceballos, 6 ☎ (941) 45 70 07.
Monasterio de La Estrella Ctra. Logroño ☎ (941) 45 70 05.
Museo Sallense Monasterio de La Estrella ☎ (941) 45 70 25.
Restaurantes:
Bodegón Botero Víctor Cardenal, 43. Patatas con chorizo ☎ (941) 45 70 57.
La Bodega Ctra. Logroño. Alubias y jarrete de cordero ☎ (941) 45 74 25.
Mesón del Convento Ctra. Logroño Asados y pescados ☎ (941) 24 73 27.
Bodegas:
Abalos Ortega Davalillo, 7
☎ (941) 45 70 35.
Afersa Ctra. Logroño ☎ (941) 45 71 74.
Cooperativa El Arca de Noé Víctor Cardenal, s/n ☎ (941) 45 72 31.
Hermanos Blanco Gasco Cerril o Verballe
Perica Víctor Cardenal, 21
☎ (941) 45 71 52.
Corres Orive Av. La Rioja, 30
☎ (941) 45 72 26.
COVILDA Ctra. Logroño ☎ (941) 45 71 33.
Fernandez Gasco Camino Sto Domingo, 27 ☎ (941) 45 71 73.
González Díaz Los Carros, 34.
Lecea Blanco Cerrillo Verballe
☎ (941) 45 74 44.
Tobía Loza Ctra. N-232, km 198
☎ (941) 45 74 25.
Valmaseda, Gerardo La Torre, 23.

SAN VICENTE DE LA SONSIERRA
Ayuntamiento Pza. Mayor, 1
☎ (941) 33 40 06.
Parroquia Sta. Mª la Mayor Zumalacárregui, s/n. ☎ (941) 33 40 77.
Alojamiento:
Hostal Toni * Zumalacárregui, 27
☎ (941) 33 40 01.
Restaurantes:
Asador Jose Mari Sol, s/n. Rivas de Tereso ☎ (941) 33 40 61.
El Romeral Pza. Mayor, 7. Cocina riojana.
☎ (941) 33 40 64.
Toni Zumalacárregui, 27. Pechuguitas de codorniz ☎ (941) 33 40 01.
Bodegas:
Antigua Usanza Camino Garugele
☎ (941) 33 41 56.
Apilanez Traseras. Bodega Cooperativa.
Moraza C. Peñacerrada ☎ (941) 33 44 73.
Ramírez 3ª Travesía San Roque
☎ (941) 33 40 74.
Sierra Cantabria Ctra. Briones
☎ (941) 33 40 80.
Sonsierra, Cooperativa
☎ (941) 33 40 31.
Valgrande El Remedio, 33
☎ (941) 33 40 89.
Gil Varela Buena Vista, 96
☎ (941) 33 44 71.
Mendoza Monge Gral. Mola, 12
☎ (941) 30 80 10.
Monge Ruiz Las Vistillas, 5.
Pérez Fernández 2ª Travesía San Roque, 13 ☎ (941) 33 34 30.
Ramírez Aguirre El Moral, 10
☎ (941) 33 42 16.
Resa Monge General Varela, 37.
Ruiz Monge Trav. San Roque, 9
☎ (941) 33 42 21.

ABALOS
Ayuntamiento Pza. Fdez. Navarrete, 1
☎ (941) 33 41 60.
Parroquial de San Esteban Sta. Mª de la Piscina, s/n ☎ (941) 33 40 03.
Bodegas:
Abeica El Calvario, s/n. ☎ (941) 33 41 04.
Alonso González Bodegas, s/n.
☎ (941) 33 41 64.
Bodegas y Viñedos Solabal Trav. Cno. San Bartolomé, 6 ☎ (941) 33 44 92.
Fernandez Garrido Longrande
☎ (941) 33 41 66.
Garrido García Pza. Constitución
☎ (941) 33 41 87.
Puelles Los Molinos ☎ (941) 33 41 32.
Real Divisa Barrio Montalbo, s/n.
☎ (941) 33 41 18.
Ruiz-Portal El Hospital ☎ (941) 33 44 74.
Solana de Ramírez Arana, 24
☎ (941) 33 41 19.
Vinos Iradier Ctra. Vitoria
☎ (941) 33 42 51.
Viña Eguíluz El Calvario

BRIONES
Ayuntamiento Mayor, 18
☎ (941) 32 20 20.
Parroquial Nª Sra. Asunción San Juan, 9 ☎ (941) 32 22 16.
Bodegas Solar de Carrión
☎ (941) 32 22 46.
Embutidos La Artesana Los Cascajos, s/n
☎ (941) 30 10 30.
Restaurantes:
Briones Ctra. Logroño, km 441. Cocina riojana ☎ (941) 30 10 17.
Cuatro Arcos Bajada al Valle, 1. Patatas con chorizo, chuletillas ☎ (941) 32 20 29.
Toloño San Juan, 5 Cazuelitas variadas
☎ (941) 32 21 59.

GIMILEO
Bodega Vinícola del Valle Mayor, 27
☎ (941) 31 28 05.

OLLAURI
Ayuntamiento Pza. Paz, 1
☎ (941) 33 80 80.
Parroquial del Salvador
☎ (941) 45 70 05.
Restaurante Mesón Merche Mayor, 2
Cocina riojana
☎ (941) 33 80 86.
Bodegas:
Beronia Ctra. Nájera, km 1,8
☎ (941) 33 80 00.
Marqués de Griñón Ctra. Rodezno
☎ (941) 33 80 02.
Paternina «La Capilla Sixtina del Vino»
☎ (941) 31 05 50.

RODEZNO
Ayuntamiento Pza. Constitución
☎ (941) 33 80 10.
Restaurante Mari Vega
San Sebastián, 3 ☎ (941) 33 80 56.

HARO
Ayuntamiento Pza. Paz, 1
☎ (941) 31 01 05.
Basílica de la Vega Virgen de la Vega, s/n ☎ (941) 31 04 91.
Parroquial de Sto Tomás
Santo Tomás, 5 ☎ (941) 31 16 90.
Oficina de Turismo Pza. San Agustín, 2
☎ (941) 31 27 26.
Centro de Salud Bartolomé Cossío, 10
☎ (941) 31 05 39.
Estación Enológica Bretón de los Herreros, 34 ☎ (941) 31 05 47.
Museo del Vino Bretón de los Herreros, 34
☎ (941) 31 05 47.
Antigüedades Contreras Av. Bretón de los Herreros ☎ (941) 31 07 93.
Alojamiento:
Hotel Iturrimurri **** Ctra. N-232, km 41
☎ (941) 31 12 13.
Hotel Los Agustinos **** Pza. San Agustín, 2 ☎ (941) 31 13 08.
Hostal Aragón * La Vega, 9
☎ (941)31 00 04.
Camping de Haro Av. de Miranda, s/n
☎ (941) 31 27 37.
Restaurantes:
Atamauri Juan García Gato
☎ (941) 30 32 20.
Beethoven I Santo Tomás, 10. Buena cocina. ☎ (941) 31 00 18.
Beethoven II Santo Tomás, 5. Verduras, pescados, carnes ☎ (941) 31 11 81.
Beethoven III Pza. Iglesia, 8 Asados al sarmiento ☎ (941) 30 38 87.
Casa Terete Lucrecia Arana, 26. Cordero asado ☎ (941) 31 00 23.
Costa del Vino Ctra. N-232. Cocina riojana. ☎ (941) 31 12 13.
La Concordia Virgen de la Vega, 2
☎ (941) 31 11 39.
La Kika Santo Tomás, 11
☎ (941) 31 14 47.
La Peña Virgen de la Vega, 1
☎ (941) 31 00 22.
Las Cigüeñas Pza. Paz, 11. Merluza, mariscos, buen menú ☎ (941) 31 01 22.
Mesón don Pedro Linares Rivas, 9. Como antigua bodega ☎ (941) 30 33 18.
Tirondoa Cantarranas. Pollo asado, patatas con chorizo ☎ (941) 31 17 97.
Vega Juan Gª Gato, 1 ☎ (941) 30 32 80.
Bodegas:
Alberto Gutiérrez Lucrecia Arana, 17
☎ (941) 31 00 23.
Atucha Ordeñana Cantarranas, s/n.
Berceo Cuevas, 32 ☎ (941) 948 67 00 50.
Bilbaínas Estación, 3 ☎ (941) 31 01 47.
Carlos Serres Av. Santo Domingo, 40
☎ (941) 31 02 94.
C.V.N.E. Av. Costa del vino, 21
☎ (941) 31 06 50.
Federico Paternina Av. Santo Domingo, 11 ☎ (941) 31 05 50.
Florentino de Lecanda Las Cuevas, 36
☎ (941) 30 34 77.
Gómez Cruzado Av. Vizcaya, 6
☎ (941) 31 25 02.
Ibaiondo Av. Costa del vino, 7
☎ (941) 31 23 80.
López de Heredia Viña Tondonia
Av. Vizcaya ☎ (941) 31 02 44.
Martínez Lacuesta La Ventilla, 71
☎ (941) 31 00 50.
Muga Barrio Estación ☎ (941) 31 04 94.
Ramón Bilbao Ctra. Casalarreina
☎ (941) 31 02 95.
Rioja Alta Av. de Vizcaya, s/n
☎ (941) 31 03 46.
Rioja Santiago ☎ (941) 31 02 00.
Roda Barrio Estación ☎ (941) 30 30 01.
Rubí Ctra. Anguciana ☎ (941) 31 09 37.

BRIÑAS
Ayuntamiento Pza. Ramón Arambari, 1
☎ (941) 31 20 12.
Parroquia Nª Sra Asunción
☎ (941) 31 21 52.
Alojamientos:
El Portal de La Rioja Ctra. Vitoria
☎ (941) 31 14 80.
Hospedería Señorío de Briñas Travesía calle Real, 3 ☎ (941) 30 42 24.
Restaurantes:
Bodegón Ayala Real, 2 Chuletas al sarmiento ☎ (941) 31 22 12.
El Portal de La Rioja Ctra. Vitoria. Cocina riojana ☎ (941) 31 14 80.
Mesón Chomin Fuentecilla, s/n. Menestra, chuletas ☎ (941) 31 21 34.

Señorío Briñas Paredes con pinturas como si fuera un lienzo ☎ 304224

Bodegas:

Ayala Lete Fuentecilla, s/n. ☎ (941) 31 22 12.

Bezares Angulo Real, 9 ☎ (941) 31 22 55.

Domínguez Fernández Marcelo ☎ (941) 31 22 26.

Seisas Ruiz Del Campo, s/n. ☎ (941) 31 14 00.

ANGUCIANA

Ayuntamiento Pza. Constitución, 1 ☎ (941) 32 00 03.

Parroquial de San Martín ☎ (941) 32 00 54.

Asador el Refugio Av. Santander, 1 ☎ (941) 32 01 86.

CIHURI

Ayuntamiento Pza. Ayuntamiento, 1 ☎ (941) 32 01 01.

SAJAZARRA

Ayto. La Rosa, 2 ☎ (941) 32 01 33.

Parroquial de la Asunción Festival de Música Antigua en agosto

Bodegas:

Ellauri Ontanillas, s/n. ☎ (941) 30 26 81.

Señorío del Líbano Del Río, 7 ☎ (941) 32 00 66.

FONCEA

Ayto. Pza. Mayor ☎ (941) 30 05 51.

Parroquial de San Miguel Del Medio, 14 ☎ (941) 947. 32 14 58.

Morcillas Montse Cantarranas, s/n ☎ (941) 30 05 10.

TREVIANA

Ayuntamiento Pza. Don Ildeforso ☎ (941) 32 70 80.

Parroquial Santa María la Mayor ☎ (941) 30 15 15.

HERRAMÉLLURI

Ayuntamiento Pza. Constitución ☎ (941) 32 70 01.

LEIVA

Ayuntamiento Pza. Mayor, 1 ☎ (941) 32 71 29.

Parroquial Nª Sra Purificación Martín Gamero, 3 ☎ (941) 32 74 37.

CUZCURRITA DE RÍO TIRÓN

Ayuntamiento Pza. Mayor, 1 ☎ (941) 32 71 29.

Parroquia de San Miguel Arcángel ☎ (941) 30 15 15.

Alojamiento:

Hostal Botero ** San Sebastián, s/n ☎ (941) 30 15 00.

Hostal Ruiz * Ctra. Logroño-Santander ☎ (941) 32 71 10.

Restaurantes:

Botero San Sebastián, s/n. Buena cocina riojana ☎ (941) 30 15 00.

Guillermo Campillo, 9. Comida a cutiplé ☎ (941) 30 17 19.

Mesón Charo Campillo, 4. Chuletas al sarmiento ☎ (941) 32 75 00.

Bodegas:

Benito Urbina Rospiro, s/n. ☎ (941) 22 42 72.

Castillo de Cuzcurrita Del Puente ☎ (941) 30 16 20.

López Corral Travesía Puente, 4-8.

Mayorazgo Plazuela Campillo, 1.

TIRGO

Ayuntamiento Pza. España, 1 ☎ (941) 32 71 57.

Parroquia del Salvador ☎ (941) 32 71 43.

Bodega Castresana ☎ (941) 30 16 84.

Restaurantes:

Mesón Lupe Real, 29. Buena cocina riojana ☎ (941) 30 16 83.

Bodega el Pimiento El Salvador, 8. Cocina riojana ☎ (941) 32 71 73.

Bodega El Río El Salvador, 4. Cocina riojana ☎ (941) 30 16 98.

CASALARREINA

Ayuntamiento ☎ (941) 32 40 04.

Parroquial San Martín San Martín, 3 ☎ (941) 32 41 51.

Restaurantes:

Asador Oasis Ctra. Cihuri, s/n Alubias y bacalao ☎ (941) 32 45 73.

Galygom Calvo Sotelo ☎ (941) 32 44 02.

Los Nogales Pza. Icona. Cocina riojana ☎ (941) 32 44 08.

La Vieja Bodega Av. La Rioja, 17. Antigua bodega del XVII ☎ (941) 32 42 54.

Mesón El Puente Plaza Icona, 2. Comida casera ☎ (941) 32 45 99.

Bodega Ajuarte Calvo Sotelo, 7 ☎ (941) 32 46 38.

Fuenmayor y sus viñas.

blo Mayor, obra de Juan Bazcardo, influenciado por los de Briones y Laguardia; la torre es barroca y en el muro sur, a la izquierda de la portada, hay un bello conjuratorio formado por varias arcadas de medio punto. Allí mismo, sobre un pedestal de hormigón, se alza la estatua de bronce de Antonio Valdés, ministro de marina de Carlos IV, realizada por el escultor Rubio Dalmati. En la ermita del Cristo se guarda el crucifijo renacentista, obra de Juan de Lorena. Visitar bodegas A.G.E., Marqués del Puerto o cualquiera de las que se citan es casi obligación. El Ebro dibuja su camino entre choperas, que cambian de color según las estaciones, para llegar a **Cenicero**, cuyo nombre recuerda las cenizas de las hogueras dejados por pastores antiguos. Varios monumentos surgen en esta ciudad: *Monumento a la Vendimia*, obra de gran fuerza de Dalmati y Narvaiza; un curioso *Monumento al Tractor*, *Monumento a los Defensores de Cenicero* y una pequeña Figura de la Libertad, recuerdo de la heroica defensa de los cenicerenses contra los carlistas de Zumalacárregui que en 1834 pegaron fuego a la iglesia renacentista de San Martín teniendo que reconstruirse tras el incendio en el que se consumió el bello retablo mayor, similar al de Fuenmayor; cuenta además la ciudad con la ermita de Nuestra Señora del Valle, restaurada recientemente. A finales de verano se organiza el Concurso de Jotas del Ebro, reuniendo a los

Curiosas Ordenanzas Municipales

El año 1632 se dictan en Logroño unas Ordenanzas Municipales que hoy llaman nuestra atención por su contenido: teniendo en cuenta que las bodegas logroñesas se encuentran cerca de las calles y debajo de ellas, queda prohibido el tránsito de carros y carretas que usen llantas de hierro para que no perturben el sosiego y la calma que deben tener los vinos para su crianza y envejecimiento. A los infractores se les amenazaba con multas de hasta 2.000 maravedíes.

La Fiesta de la Vendimia Riojana

El 21 de septiembre comienza en Logroño la Fiesta de la Vendimia. Los desnudos pies de hombre pisan la uva para obtener el primer mosto que será ofrecido por el vendimiador y vendimiadora mayores a la Virgen de Valvanera, patrona de La Rioja. La capital se viste de fiesta para recibir a riojanos y forasteros que durante una semana disfrutarán con las peñas que animan la ciudad, las corridas de toros, los conciertos, las degustaciones gastronómicas, las vaquillas, los desfiles de carrozas acompañadas por grupos folclóricos de toda La Rioja al son de la dulzaina y el tamboril.

Un pionero de los vinos de Rioja
El marqués de Murrieta compartió exilio en Londres con el general Espartero y allí debieron sentir las primeras inquietudes por mejorar la elaboración de los vinos de Rioja; tras su regreso a Logroño emprendió el marqués viaje a Burdeos donde conoció el método bordelés, que permitía a los vinos envejecer mejorando la calidad y sin avinagrarse. Regresó a Logroño y Espartero le puso a su disposición su bodega y sus viñedos. Aplicando el método bordelés obtuvo el *Marqués de Murrieta* un excelente vino que se conservó sin alteración mandando 50 barriles a La Habana que se vendieron rápidamente por su exquisita calidad. Animado por los buenos resultados adquirió la finca Igay donde cosechó vinos que fueron distinguidos en la Exposición Universal de París.

mejores joteros de La Rioja, Navarra y Aragón. Visitar la Tonelería Gangutia y poder contemplar el artesano trabajo del tonelero es un placer; luego puedes ver Bodegas Riojanas, la Cooperativa Santa Daría, Berberana o cualquiera de las aconsejadas.

Calificación de las añadas de vino de Rioja

1925 MB	1926 M	1927 M	1928 MB	1929 N	1930 M
1931 MB	1932 N	1933 N	1934 E	1935 MB	1936 N
1937 N	1938 M	1939 N	1940 N	1941 B	1942 MB
1943 B	1944 B	1945 M	1946 N	1947 MB	1948 E
1949 MB	1950 N	1951 N	1952 E	1953 M	1954 B
1955 E	1956 B	1957 N	1958 E	1959 MB	1960 B
1961 B	1962 MB	1963 N	1964 E	1965 M	1966 N
1967 N	1968 MB	1969 N	1970 MB	1971 M	1972 M
1973 B	1974 B	1975 MB	1976 B	1977 N	1978 MB
1979 N	1980 B	1981 MB	1982 E	1983 B	1984 N
1985 B	1986 B	1987 MB	1988 B	1989 B	1990 B
1991 MB	1992 B	1993 B	1994 E	1995 E	1996 MB

E EXCELENTE / **MB** MUY BUENA / **B** BUENA
N NORMAL / **M** MEDIANA.

La carretera nos lleva hasta una curva boscosa donde un hermoso puente salva las aguas del río Najerilla, famoso por sus truchas, y al amparo de la vegetación arbórea aparece la torre fortaleza medieval de los Condes de Hervías en **Torremontalbo**, allá vemos inmensos viñedos junto a las hermosas Bodegas Amézola de la Mora. Seguimos hacia **San Asensio**, pero antes de llegar, desde la carretera, distinguimos en la lejanía el Castillo Davalillo en lo alto del cerro; conserva toda la muralla y en la planta baja de la torre del homenaje guarda una pequeña capilla; si quieres visitarlo hay un camino a la derecha de la N-232 que llega hasta la falda de la montaña donde se encuentra la ermita de la Virgen de Davalillo (allí van las gentes de San Asensio en romería dos veces cada año). A la izquierda de la carretera está el monasterio de la Estrella, habitado en la actualidad por los Hermanos de la Salle, aunque en el pasado eran monjes jerónimos; en este monasterio pasó algunos años Juan Fernández de Navarrete el Mudo, natural de Logroño y pintor de Felipe II, aquí aprendió a pintar con su maestro fray Vicente de Santo Domingo antes de trasladarse

Torre de los Condes de Hervías. Torremontalbo.

Monasterio de la Estrella. San Asensio.

a Italia. A San Asensio se le ha nombrado como *la cuna del clarete* por la calidad de este vino riojano, además de celebrar cada 25 de julio la *Batalla del Clarete,* consumiendo en esta guerra incruenta alrededor de 25.000 litros de clarete; en el mes de septiembre celebra el Festival de Jotas. Recorriendo las calles de San Asensio no te faltarán casonas de piedra presididas por escudos de armas, además de la iglesia de la Asunción con su hermosa torre y bello pórtico; dos cooperativas y abundantes bodegas (cuidado con lo que bebes si tienes que conducir). Cuando vayas por la carretera, camino de **Briones**, hay un momento en que parece que todas las casas con su torre a la cabeza salen a darte la bienvenida; desvíate a la derecha y métete en Briones, es una villa fortaleza que te encantará: la iglesia de la Asunción con su Retablo Mayor barroco, capillas latera-

El tonelero construye la barrica

Toneles, barricas y tinas son recipientes que sirven para transportar el vino y para envejecerlo, pero la tarea más espectacular de la tonelería es armar la barrica empleando un aro y haciendo el trabajo «a ojo de buen cubero» o lo que es lo mismo, guiándose por la intuición; cuando todas las duelas (piezas de madera) están colocadas, se calienta al fuego para lograr la forma panzuda de la barrica. Tras apretar lo necesario le queda la forma, luego se hace un rebaje para colocar los fondos; ya sólo queda hacer la boca por donde ha de entrar y salir el vino. La barrica se construye con madera de roble y admite unos 220 litros.

Iglesia de Briones.

les, un cuadro del arcángel San Miguel atribuido a Navarrete el Mudo, sacristía, coro con sillería y maravilloso órgano de Gasparini recién restaurado, bellos libros cantorales y la torre barroca de Martín de Beratúa; el paseo por las cercas de la muralla, contemplando los meandros que el Ebro describe formando con las viñas un lindo paisaje, es tan hermoso como el paseo por sus calles empedradas viendo la casa más antigua de La Rioja, impresionantes casonas, palacios renacentistas como el de los Quincoces, barrocos como el del Marqués de San Nicolás, o la ermita de la Cruz capaz de crear una planta barroca similar a la Capilla de los Angeles de La Redonda de Logroño. Desde Briones un puente medieval, con reparaciones posteriores, tiende sus arcos sobre las aguas del Ebro para cruzar a **San Vicente de la Sonsierra** con su castillo que corona el cerro conservando buena parte de la muralla, torre del homenaje, torre del reloj y en su patio de armas, una magnífica iglesia de Santa María la Mayor: de una sóla nave, con cabecera poligonal y un gran Retablo Mayor renacentista salido del taller de Juan Beaugrant, formado por banco, tres pisos y un ático espectacular donde hasta los ladrones acompañan a Cristo crucificado. Casas de piedra, que lucen escudos de

Vista de San Vicente de la Sonsierra.

Santa María de la Piscina.

armas, y bodegas, que venden a la puerta el vino de sus cepas, hallarás recorriendo sus calles; también puedes acercarte hasta sus aldeas: **Rivas de Tereso** y **Peciña**; muy cerquita está la ermita de Santa María de la Piscina, obra románica que debes visitar (la llave está en el ayuntamiento de San Vicente) y pasada la ermita, medio kilómetro antes de llegar a Peciña, verás el Dolmen de la Cascaja que consta de cámara poligonal y un corredor de dos metros de largo.

En **Abalos** no faltan casonas y palacios por doquier: palacio de los Marqueses de Legarda, Casa del Virrey; ermita románica de San Felices, abundantes bodegas y la iglesia de San Esteban, que luce bella portada, espléndido conjuratorio y hermosa torre barroca; en su interior verás la sillería del coro traída del monasterio de La Estrella y el pie del facistol que recrea tres momentos bíblicos: *Creación de Eva, Tentación de la Serpiente* y *Expulsión del Paraíso.* No dejes de ver la Virgen de la Rosa, patrona de Abalos, ni el Retablo Mayor dedicado a San Esteban realizado por el taller de los Beaugrant. Cuando pasees por el pueblo, pregunta por los lagares rupestres, excavados en la roca junto a la viña por viñadores que carecían de bodega; con ayuda de los agricultores podrás ver alguno; también puedes preguntar por una bodega que tendrá más de 600 años.

Santa María de la Piscina

La fundación de esta ermita se remonta a los tiempos de la Primera Cruzada, cuando Ramiro Sánchez entró con bien en la Ciudad Santa de Jerusalén por la piscina probática el año 1099. Quiso honrar a Santa María y custodiar el *Lignum Crucis* (reliquia de la Cruz de Cristo) que dicen trajo de Tierra Santa. Esta ermita se construyó a comienzos del siglo XII y fue solar de la Orden de Caballeros de la Terraza, que todavía reúne a los diviseros una vez al año.

Vista de Haro.

Siguiendo la carretera nacional llegamos a **Gimileo** formado por un manojo de casas de piedra arrimadas al templo renacentista de San Martín; en el cerro de San Pelayo pudiera haber un poblado romano. A tiro de piedra queda **Ollauri** con dos barrios que visitar: la ladera donde se asientan las bodegas, y en el llano la iglesia del Salvador, del XVI, con torre, sacristía y Retablo Mayor barrocos y en torno al templo casas de piedra junto a los palacios de los Marqueses de Terán, de los Condes de Rodezno y de Pobes. Te recomiendo la Capilla Sixtina de los Vinos (Bodegas Paternina) ¡Cómo recuerdo tan magnífica bodega con las sabias explicaciones del señor Federico! Desde Ollauri podrías hacer una excursión hasta los fogones de Mari Vega en **Rodezno** y sentarte a su mesa; luego puedes seguir hacia **Zarratón** donde la familia Tofé practica la forja desde hace varias generaciones; no dejes de ver el Retablo Mayor de la iglesia de la Asunción. **Cidamón** posee buenas zonas de bosque de encina, pino y carrasca, además de la ermita del Buen Suceso y la iglesia de los Ángeles. **San Torcuato** cuenta con espacios naturales ideales para dar largos paseos y practicar la caza; también cuenta con la iglesia de San Pablo. De regreso a Haro recordamos lo que hace cien años se decía al llegar de noche: "Ya estamos en **Haro** que se ven las luces", porque fue la primera población española –con Jerez de la Frontera– que tuvo luz eléctrica allá por 1890. Haro es capital del vino y puerta de La Rioja desde las Conchas de Haro. El despegue económico de Haro ocurre cuando la filoxera destroza los viñedos franceses y los bodegueros de Burdeos se ven obligados a buscar un vino de similar calidad que encuentran en La Rioja, con lo que se producen masivas ventas de vino a Francia e instalación de numerosas bodegas que ya cumplieron cien años; y no hay que olvidar la importancia de la llegada del ferrocarril. Coronan el cerro los riscos de Bilibio donde vivió el ermitaño San Felices, maestro de San Millán de la Cogolla. Hay que perderse entre sus calles, pasear por la Herradura bebien-

Casa blasonada en Haro.

do vinos y degustando sus ricas tapas mientras se encuentran edificios que conservan su sabor medieval, no faltando palacios renacentistas y barrocos. Salir a la plaza de la Paz, porticada en dos lados, con su kiosco bonito y su ayuntamiento neoclásico; en el recorri-

Iglesia de Santo Tomás en Haro.

De San Vicente a Rivas de Tereso con las botas puestas

Es un interesante recorrido de unos 8 km. Salimos de San Vicente de la Sonsierra bien calzados y cerca de la ermita de los Remedios tomamos un camino que marcha hacia la zona de El Calvario; el camino sale al cruce de la carretera de Laguardia con la de Rivas de Tereso. Durante un buen trecho hay que seguir la carretera. Cuando encontramos un viejo molino, tomamos un camino que discurre a la derecha de la carretera. Vamos a encontrarnos chozos o guardaviñas, sencillos edificios que sirven para refugiarse de las inclemencias del tiempo y vigilar la cosecha. Pronto llegaremos a la necrópolis (cementerio) de San Martín de Pangua, que está a mitad de camino entre San Vicente y Rivas de Tereso, a la derecha de la carretera; la necrópolis cuenta con 33 tumbas y junto a ellas, en la parte sur quedan los restos de lo que fue una pequeña iglesia y unos 10 m al norte de las tumbas hay una pequeña piscina rectangular de 2,5 x 1,8 m que bien pudo servir como lagar rupestre donde se pisaban las uvas, se recogía el mosto que guardado en pellejos de cabra daría buen vino clarete, ya que el escaso tiempo que los hollejos estuvieron con el mosto no da tiempo a tomar la coloración que tienen los vinos tintos. Camino adelante llegaremos a Rivas de Tereso, aldea que podemos recorrer por su barrio de arriba en torno a la iglesia de San Miguel, construida en el XII, y el barrio de abajo con la iglesia de la Concepción. Desde Rivas y siguiendo un camino hacia la derecha se llega a la ermita de Orzales, edificio en ruinas gótico del XV, que conserva parte de la cabecera, unas ventanas ojivales y recios contrafuertes.

do por sus calles no faltan las casas con miradores acristalados que buscan los rayos de sol; entre los palacios hay que destacar los de Las Bezaras, Paternina, Tejada, Condes de Haro y las ruinas del palacio de los Condestables; la iglesia de Santo Tomás posee la más bella portada plateresca (fíjate en el minucioso trabajo realizado como un retablo de piedra que recrea varios momentos de la vida de Cristo, entre ellos la incredulidad de Santo Tomás) de La Rioja realizada por Felipe Vigarny, y una torre barroca construida entre 1671-1678 por Juan Raón, pero en 1717 un rayo destrozó el chapitel por lo que Agustín Ruiz de Azcárraga construyó el actual en forma de cúpula y linterna con adornos de santos y bolas; el interior forma un bello conjunto con la bóveda, columnas y Retablo Mayor. La basílica de la Vega está junto a los jardines y es edificio del XVIII con sencilla portada que se remata con torre de espadaña para tres campanillos; el interior forma una nave rectangular cuyos pilares y contrafuertes crean la sensación de movimiento que gusta al barroco; sobre el crucero forma una hermosa cúpula y el Retablo Mayor con abundante decoración de hojarasca posee un gran sagrario de templete y acoge a la Virgen de la Vega, talla gótica del XIV que según la leyenda fue traída desde Granada. El convento de los Agustinos, fundado en 1372, remozado en el XVIII y convertido en hermoso hotel en 1989; si no te alojas en él, podrás tomarte un café. La Estación Enológica, creada en 1892 para preparar a los agricultores en las técnicas de viticultura, realizar investigación enológica, analizar los vinos de Rioja y crear un depósito de muestras; hoy controla la calidad y asesora en la elaboración de vinos de Rioja. Es importante que visites el *Museo del Vino* porque de manera sencilla te acercará a la cultura y al mundo del Rioja. Cada 29 de junio en Haro se celebra la *Batalla del Vino* subiendo a los riscos de Bilibio; acude y quedarás empapado, ¡palabra! Un agradable paseo es ir de camino a Fuente del Moro; pero sería un pecado irte de Haro sin visitar sus bodegas: se elaboran excelentes vinos y también cavas. Bébelos con moderación y apúntate a la calidad. Cruzamos

Bodegas López de Heredia, en Haro.

Museo del Vino en Haro.

el puente medieval para llegar a **Briñas** y encontramos una población con abundantes casas solariegas, que se acerca a las aguas del Ebro; debes visitar la fuente con arco del siglo XII que hay junto a la plaza, la iglesia de la Asunción de bella portada, magnífica torre, cúpula sobre pechinas, Retablo Mayor y órgano; tampoco te olvides del humilladero, del crucero, de las bodegas y el museo del Portal de La Rioja. De Briñas viajamos a **Anguciana** donde encontramos una torre fuerte medieval de los Salcedo y una parroquial de San Martín con Retablo Mayor del santo titular montado a caballo. Muy cerquita está **Cihuri** donde a las afueras verás el puente romano reparado en la Edad Media como lo demuestra su arco ojival; junto al puente sobre el río Tirón hay una fuente y un caserón del siglo XVII llamado Casa del

Sajazarra y su castillo.

Castillo de Davalillo.

Priorato. **Casalarreina** tiene este nombre desde que recibió la visita de la reina Juana la Loca. Destaca por su importancia el convento de la Piedad, joya arquitectónica construida entre 1514 y 1524 que fue consagrado por el papa Alejandro VI pernoctando en el palacio de los Condestables. No debes perderte la portada del convento, que muestra una piedad en el tímpano; aparecen Adán y Eva a ambos lados de la puerta además de varios relieves, como si fuera un retablo: *Última Cena, Beso de Judas, Flagelación, Camino del Calvario* y *Resurrección*. En su interior tiene claustro e iglesia donde se guarda una delicada imagen de la Virgen con su Hijo. Cerca del convento está el palacio de Pobes. Esta población, que arrima su caserío al río Oja, multiplica su población en épocas veraniegas. Nuestro próximo destino es **Tirgo**, donde valdría la pena ir sólo por comer en Lupe, pero te aconsejo que veas la iglesia románica de El Salvador; fíjate en la cabecera, en la portada sur y en la de los pies, la torre en espadaña y otra torre más tardía; no dejes de pasar al interior. A la salida de Tirgo, camino de **Sajazarra**, verás un crucero a mano derecha y enseguida un castillo del siglo XV se acercará lentamente; está dentro de una población hecha de casas de piedra. Todavía conserva algunas partes de las defensas y una puerta que abría la villa. Hay un delicioso paseo por detrás del castillo. La iglesia de la Asunción tiene una hermosa torre, un retablo renacentista muy lindo y en su interior se celebra cada verano el Festival de Música Antigua. Muy cerquita está **Castilseco** a donde hay que ir para ver la ermita románica de San Julián cuyos canecillos, que sostienen el alero del tejado, son cabezas humanas. Cuando te acerques a **Cellorigo**, el púlpito de La Rioja, con ese cerro precioso que trata de pinchar el cielo con sus puntas, vale la pena ascender para contemplar paisaje tan bello; el caserío se desparrama por la falda del cerro, con un pequeño templo del XV dedicado a San Millán; cuenta, además, Cellorigo con un bosquecillo de encinas donde no falta la caza; desde el púlpito se divisa casi toda La Rioja y todavía conserva algunos restos de la fortaleza medieval que dominaba toda la zona. Desde Cellorigo todo es bajar hacia **Villaseca**, pequeña población que es visita obligada para conocer el románico riojano; aquí la restauración ha sacado brillo a la iglesia de San Román, el santo al que cortaron la lengua, de bello ábside con ventanas de doble columna; resulta original la bóveda de horno que se ayuda con dos potentes nervios; también posee una talla medieval de la Virgen de la Cuesta, que estuvo robada más de un año; tiene pórtico muy sencillo y torre cuadrada que debió ser atalaya que se integra perfectamente con paredones defensivos y puerta de entrada. A escasos metros hay un rollo picota del siglo XVIII. **Fonzaleche** es una pequeña población que uno se sorprende gratamente al visitar por su sencillo encanto; conserva una cabecera románica posiblemente del XI; la torre cuadrada y rematada en cúpula acoge el pórtico. Viajando hacia el noroeste llegamos a **Foncea** entre campos de cereal; la torre mocha era la atalaya medieval que controlaba el paso de tropas y dominando el caserío está la iglesia de San Miguel, magnífico templo de bello pórtico gótico, que luce en espléndido Retablo Mayor renacentista recién restaurado y un Cristo gótico. Antes de irte a **Treviana** prueba las morcillas de Foncea y te chuparás los dedos. Siguen los campos de cereal que hacen buenas pastas en el horno y buen pan; la iglesia de Santa María la Mayor cuenta con un hermoso pórtico y un Retablo Mayor sin dorar para que aprecies el trabajo del escultor, la sacristía da gusto verla con los ornamentos y objetos sagrados en estado de revista, además de guardar una rica tabla medieval del *Ecce Homo*. Cuenta además Treviana con dos ermitas románicas: la del cementerio y la de Junquera, que se rodea de un hermoso espacio ideal para la romería; desde aquí viajamos a **Leiva** donde un castillo nos aguarda en el casco urbano; también está presente la iglesia de la Purificación, que luce un gran Retablo Mayor; a las afueras está la ermita de la Virgen Peregrina, donde una columna marca el paso de la calzada romana y también tiene la Presa de Leiva. ¡Ojalá que puedas ver la danza típica de Leiva y su vestimenta folclórica! Muy cerquita está **Tormantos**, con su torre neoclásica del XVIII. Desandamos el camino para presentarnos en **Herramélluri**, la Libia romana, donde apareció la Venus de Herramélluri que se guarda en el Museo de Logroño; dedica su iglesia al primer mártir cristiano, San Esteban, y guarda varias piezas romanas como la pila de agua bendita o el aguamaniles de la sacristía. A escasa distancia está **Ochánduri** con su templo romanico de la Concepción, una pequeña joya medieval, que tiene bella porta-

La Rioja en Otoño

A medida que el otoño camina en busca del invierno las hojas de los viñedos se visten con casi todos los colores del arco iris: el verde se torna en amarillo, luego se maquillan con tostados y marrones, pero también aparecen ocres y granates, de tal manera que la naturaleza tiene tantos colores como la paleta del pintor. Si no conoces La Rioja en otoño, súbete al cerro de Davalillo, o a Briones, o San Vicente y mírala que hermosa está; también los chopos que acompañan al Ebro y a sus siete afluentes cambian de color sus hojas dibujando un camino distinto de día en día.

Monumento a la Vendimia en Cenicero.

Vista de Foncea.

da con moderno pórtico, la cabecera con tres ventanas de columnas y sosteniendo el alero del tejado con interesantes canecillos; en el interior del templo, que no debes perderte, el cantero labró la lucha de Roldán y Farragut y también dejó en la piedra el erotismo que corría por sus venas, que espero sepas encontrar. A los pies hay un retablo renacentista en el que trabajaron Natuera Borgoñón, Juan de Beaugrant y otros siguieron a la muerte de estos; la torre en espadaña. Cuando nos ponemos en camino la bella torre que llaman la *Custodia* nos recuerda que estamos llegando a **Cuzcurrita de río Tirón**, hermosa iglesia que mezcla portada y torre, la última de las torres barrocas riojanas, la última y distinta a todas, obra de José Ituño con influencias del italiano Borromini; ven y lo verás, pero también verás el puente, y el lavadero, y el castillo medieval y esas casonas de piedra que llenan todo el pueblo, y la ermita de Sorejana donde se abrazan el románico y el gótico; y beberás buen vino. Y con dos pueblecitos me despido de esta ruta: **Baños de Rioja** con una torre fuerte del XIII e iglesia de la Magdalena y **Villalobar** con iglesia de la Asunción con torre y portada románica.

Labores agrícolas en la ruta.

RUTA 7. ROMANOS Y VINO

El barrio logroñés de **El Cortijo** agrupa su caserío en torno a la parroquial de Santa Margarita, pequeño templo del XVI con cabecera ochavada, crucero y un relicario de templete que hace las veces de Retablo Mayor. Un par de casas de piedra sillar podemos ver camino del puente romano de Mantible; el camino discurre entre abundantes viñedos que producen tintos de excelente calidad y a nuestra derecha se tienden sobre el Ebro dos ojos de un puente que tuvo una longitud de 164 m para unir las calzadas romanas. Da un escalofrío contemplar esos arcos de medio punto tan atrevidos con más de 1700 años de antigüedad. Al regreso es obligado llevarse alguna botella de buen vino, y si nos sentamos a comer, quedaremos muy satisfechos. De aquí a **Varea** llegamos enseguida, pero en la misma carretera, en un entorno rodeado de cipreses, hallarás varios materiales romanos y la reconstrucción ideal de una calzada con sus tres momentos constructivos (lecho de gruesos cantos rodados, relleno de grava y acabado con losas de piedra); bajo las escuelas hay una villa romana rústica y junto al río tuvo puerto fluvial;

Acueducto romano de Alcandre.

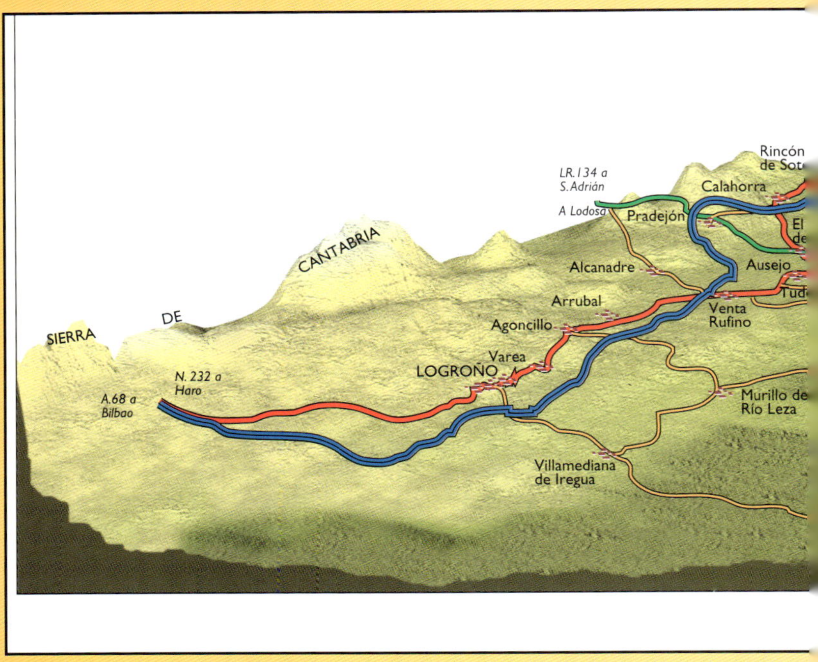

RUTA 7: ROMANOS Y VINO

Iniciamos este recorrido en dos barrios logroñeses: desde El Cortijo tomamos la LR-441 y en un abrir y cerrar de ojos, atravesando Logroño nos presentamos en Varea por la N-232. Seguimos por la carretera nacional desviándonos a la izquierda (LR-459) hasta Arrúbal; otra vez desde la 232 giramos a la izquierda por la LR-260 y se llega a Alcanadre, y desde Alcanadre por la LR-348 llegamos a Ausejo; a la derecha por la LR-381 entramos en Tudelilla; la N-232 atraviesa El Villar de Arnedo; poco más adelante la LR-280 nos deja en Pradejón y el siguiente punto es Calahorra. Por la LR-134 y LR-281, a Quel; por la LR-115, a Autol, Aldeanueva de Ebro y Rincón de Soto. La N-232 nos dejará en Alfaro donde finaliza la ruta de romanos y vino.

INFORMACIÓN PRÁCTICA

EL CORTIJO
Iglesia de Santa Margarita
☎ (941) 24 01 55.
Restaurante Treviño Escobosa, 1. Carnes a la brasa y cocina riojana ☎ (941) 22 79 91.
Bodegas:
Melón Nestares Av. de la Vía, 2.
Treviño Ruiz de las Heras Escobosa, 1
☎ (941) 22 79 91.
Valcor Paraje las Mangas s/n.
☎ (941) 20 40 55.

VAREA
Iglesia de San Cosme y San Damián
☎ (941) 23 02 66.
ARRUBAL
Ayuntamiento Mayor, 1 ☎ (941) 43 11 03.
Iglesia del Salvador ☎ (941) 24 85 85.
Restaurante Las Palmeras Mayor, 38
☎ (941) 43 13 78.

ALCANADRE
Ayuntamiento Pza. del Pueblo, 1
☎ (941) 16 50 04.
Parroquia de Santa María ☎ (941) 16 50 38.
Bodegas:
Cooperativa vinícola San Isidro, 46. Puedes tener en la bodega tu propia barrica de vino
☎ (941) 16 50 36.
Martínez López Barranco, s/n.
Ochagavía Díez Estación, 31
☎ (941) 16 50 10.

AUSEJO
Ayuntamiento San Miguel, 2
☎ (941) 43 00 29.
Parroquial de Santa María Pza. Iglesia, 1
☎ (941) 43 00 04.
Hostal Maite * Ctra. Logroño km 28
☎ (941) 43 00 00.

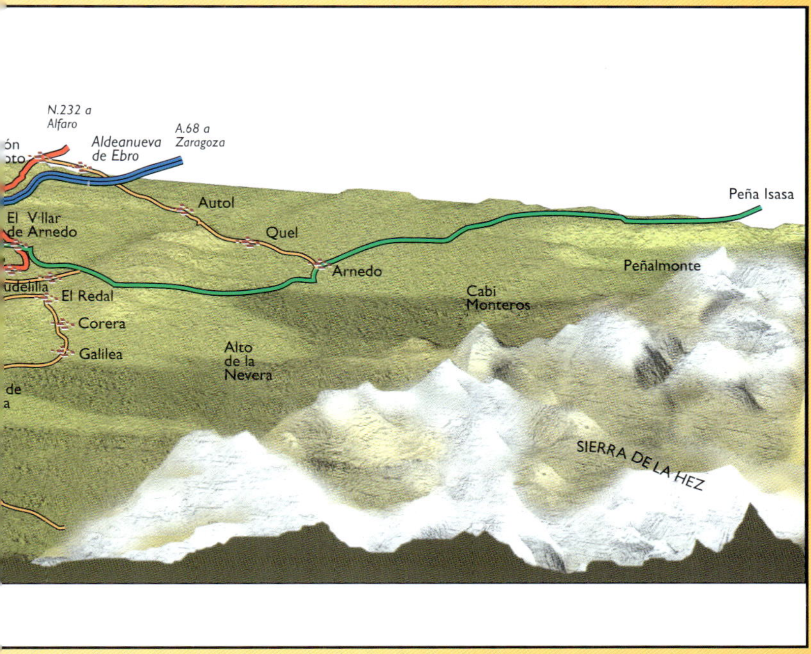

Restaurantes:
La Cepa Riojana Ctra. Zaragoza km. 24. Cocina riojana ☎ (941) 43 00 81.
Maite Ctra. Logroño km. 28 ☎ (941) 43 00 00.
Bodegas:
Cooperativa San Miguel Ctra. Zaragoza ☎ (941) 43 00 05.
Francés Sáenz Carretera, 6.
SUGROSA La Estrella, km. 32 ☎ (941) 43 00 10.

TUDELILLA
Ayuntamiento Av. de la Paz, 6 ☎ (941) 15 20 04.
Paroquia de Santa María ☎ (941) 15 20 20.
Bodegas:
Julio Merino Rojo
Sáenz Merino Las Tres Cuestas, 4 ☎ (941) 25 77 37.

EL VILLAR DE ARNEDO
Ayuntamiento Pza. José Antonio, 1 ☎ (941) 15 90 13.
Iglesia Nuestra Sra de la Anunciación ☎ (941) 15 91 12.
Bodegas Villarnedo Prolongación El Cortijo, 25 ☎ (941) 15 90 36.

PRADEJÓN
Ayuntamiento Fuente, 3 ☎ (941) 15 00 01.
Explotaciones de setas y champiñón abundan en los alrededores.

Restaurantes:
Begoña Ctra. Zaragoza km. 368. Carne y pescado a la brasa ☎ (941) 15 02 32.
Chandro San Antonio, 10. Cordero asado, setas ☎ (941) 15 01 47.

CALAHORRA
Ayuntamiento Glorieta de Quintiliano, 1 ☎ (941) 13 09 32.
Catedral Paseo la Bolas, 1 ☎ (941) 13 53 64.
Parroquia de San Andrés San Andrés, 1 ☎ (941) 13 05 96.
Parroquia de Santiago Pza. Quintiliano, 4 ☎ (941) 13 05 73.
Parroquia Santos Mártires Bebricio, 35 ☎ (941) 13 12 84.
Oficina de Turismo Mayor, 24 ☎ (941) 14 72 06.
Hospital Municipal Av. Numancia, 33 ☎ (941) 14 72 15.
Centro de Salud Av. Numancia, 37 ☎ (941) 13 14 29.
Alojamiento:
Parador Nacional Quintiliano *** Alta, s/n ☎ (941) 13 03 58.
Hotel Ciudad de Calahorra ** Maestro Falla, 1 ☎ (941) 14 74 34.
Hotel Chef Nino ** Basconia, 1 ☎ (941) 13 20 29.
Hotel Zenit ** Ctra. N-232 km. 363 ☎ (941) 14 79 52.

Hostal San Cristóbal ** Ramón Subirán, 12
☎ (941) 13 00 21.
Hostal Teresa * Santo Domingo, 7
☎ (941) 13 03 32.
Restaurantes:
Casa Mateo Pza. Quintiliano Menestra
☎ (941) 13 00 09.
Ciudad de Calahorra Maestro Falla, 1. Ambiente rústico, cocina riojana
☎ (941) 14 74 34.
Chef Nino Basconia, 1 Buena cocina riojana
☎ (941) 13 20 29.
Garcés Av. del Ebro. Aparcamiento para autobuses ☎ (941) 14 72 74.
Sara General Iriarte, 9. Bautizos, comuniones
☎ (941) 13 46 80.
Taberna 4ª Esquina Cuatro esquinas, 16. Buena cocina riojana Tel:13 43 55.
Bodega Cooperativa San Isidro Bº Estación
☎ (941) 13 06 26.

QUEL
Ayuntamiento Pza. España, 1
☎ (941) 39 24 02.
Parroquia El Salvador ☎ (941) 39 20 63.
Restaurantes:
La Roca Ctra. Arnedo, 38. Cocina riojana.
☎ (941) 39 20 85.
Navarro Gral. Mola, 47 Menú económico
☎ (941) 39 21 66.
Bodegas:
Ontañón Del Molino, s/n. ☎ (941) 39 23 49.
Cooperativa San Justo y San Isidro
☎ (941) 39 24 42.

AUTOL
Ayuntamiento Plaza España, 1
☎ (941) 39 00 05.
Parroquial de San Adrián y Santa Natalia
☎ (941) 39 00 37.
Restaurantes:
Artemia Travesía Ezquerro, 23
☎ (941) 39 00 03.
José Luis Gallarza, 11. Comida riojana
☎ (941) 39 00 86.
Verona Gallarza, 11. Bodas y banquetes
☎ (941) 39 00 03.
Bodegas Cerro Alto Av. Calahorra, 5

ALDEANUEVA DE EBRO
Ayuntamiento Pza. España, 1
☎ (941) 16 30 05.
Parroquial de San Bartolomé Cortijo, s/n
☎ (941) 16 30 84.
Restaurante Mayte Gonzalo de Berceo, 65
☎ (941) 14 41 44.
Cooperativa KUMIX Conservas, frutas, hortalizas ☎ (941) 16 30 39.
Bodegas:
Cooperativa San Isidro Juan Carlos I, 100
☎ (941) 16 30 39.
Fernández de Manzanos
Gonzalo de Berceo, 51 ☎ (941) 16 35 84.

RINCON DE SOTO
Ayuntamiento Príncipe Felipe, 11
☎ (941) 16 00 13.
Iglesia de San Miguel Arcángel Iglesia, 33
☎ (941) 16 00 31.
Hostal Santamaría Ctra. Zaragoza
☎ (941) 16 01 52.
Restaurantes:
Casa Javi Ctra. N-232 km 347. Buena cocina y servicio ☎ (941) 14 15 36.
Santamaría Ctra. Zaragoza ☎ (941) 16 01 52.
La Skina Pza. Iglesia, 8 ☎ (941) 16 06 90.

ALFARO
Ayuntamiento Pza. España, 1
☎ (941) 18 20 32.
Parroquia de San Miguel Pza. España, 2
☎ (941) 18 01 57.
Parroquia Nuestra Señora del Burgo Nieva, 3 ☎ (941) 18 31 38.
Oficina de Turismo Edificio La Cárcel
☎ (941) 18 42 19.
Centro de Salud Av. Burgo Viejo
☎ (941) 18 20 00.
Tienda productos riojanos San Roque, 2
☎ (941) 18 28 88.
Tonelería Magreñán Av. del Ebro, s/n.
☎ (941) 18 00 23.
Restaurantes:
Hernani 2 Ctra. Zaragoza km 77. Comida casera, transportistas ☎ (941) 183054
Palacios Ctra. Zaragoza. Menestra verdura, cabrito ☎ (941) 18 01 00.
San Roque San Roque, 3. Buena cocina riojana
☎ (941) 18 28 88.
Alojamiento:
Hotel Palacios ** Ctra. Zaragoza
☎ (941) 18 01 00.
Hostal Moderno * San Antón, 32
☎ (941) 18 00 56.
Bodegas:
Burgo Viejo Concordia, 8 ☎ (941) 18 34 05.
Campo Burgo ☎ (941) 18 01 24.
Palacios Remondo Av. Zaragoza, 26
☎ (941) 23 71 77.
Bodegas y Viñedos Ilurce Av. Logroño, 7
☎ (941) 18 08 29.
Torres Librada Ctra. Corella
☎ (941) 18 02 49

cuenta además con una pequeña iglesia dedicada a San Cosme y San Damián con excelente Retablo Mayor realizado por grandes artistas del taller de los Beaugrant y Arnao de Bruselas; pero Varea posee además una excelente huerta que produce abundante: coliflor, puerro, berza, alubia verde, espinaca, borraja, cardo, acelga, tomate, cebolla... y con el sabor de las ricas pastas del horno tomamos la carretera camino de **Arrúbal**, junto al polígono industrial del Sequero, para ver su iglesia del Salvador con torre de fuste octogonal y Retablo Mayor iniciado por Juan Fernández de Vallejo. Continuando hacia la Rioja Baja, nos aguarda **Alcanadre**, que todavía conserva parte del acueducto romano; también posee una virgen de piedra del siglo XII. En la parroquial de Santa María destaca el bello Retablo Mayor, obra del calagurritano Diego Camporedondo; pero uno no puede irse de aquí sin visitar su Bodega Cooperativa o sin probar los frutos de su huerta. En Navidad, teniendo por escenario unas cuevas naturales en el cerro del "Viso", representan un *Belén Viviente* que es ya famoso; y por septiembre van en romería al enclave templario de la ermita de Aradón. Siguiendo la ruta, desde la carretera contemplamos el caserío de **Ausejo**, que se asienta en la ladera del monte: apenas quedan restos de su castillo, tiene iglesia y torre de Santa María, ermitas de la Antigua y del Crucifijo y un complicado sistema de bodegas subterráneas; buen vino de sus cepas y champiñón muy rico para seguir el camino. Nada más llegar a **El Villar de Arnedo** ofrecen al forastero zapatos y conservas elaborados aquí; también tienen Parroquial de la Anunciación con Retablo Mayor barroco y ermita del Cristo de los Buenos Temporales. Viñedos y almendros producen excelentes frutos y ponen una bella nota en el sencillo paisaje primaveral y del otoño. A tiro de piedra queda **Tudelilla**, que siempre ha alcanzado fama por la calidad de sus vinos, así que tenlo en cuenta cuando visites el pueblo. Sería una agradable experiencia visitar una bodega particular con su calado subterráneo donde reposan los vinos y acuérdate de la parroquial de Santa María, que luce hermosa torre de ladrillo (estamos en la Rioja Baja, que es tierra de ladrillos) y guarda un bello Retablo Mayor del XVIII. Y desde aquí viajamos a **Pradejón** donde más de cien familias cultivan el champiñón y la seta; su casco antiguo recuerda el urbanismo medieval y su torre barroca, de ladrillo, se remata con cúpula y linterna; también cuenta con una curandera de huesos que ha sanado codos, clavículas, piernas y rodillas que la medicina no ha sabido curar. Dentro de la aridez del terreno destaca el soto de la ribera del Ebro que forma un ecosistema hermoso y de gran utilidad por las especies arbóreas y avifauna que mantiene.

Torre de la iglesia de Pradejón.

Quintiliano

Marco Fabio Quintiliano nació en *Calagurris* hacia el año 35 de nuestra era y tras realizar los primeros estudios en su ciudad natal, se traslada a Roma donde es educado por Domicio y Polemón. Con el gobernador Galba vuelve a Hispania ejerciendo de abogado en el Tribunal de la Tarraconense. El año 68 al ser nombrado Galba emperador, le acompaña a Roma donde destacó como abogado, orador y maestro. Educó a los hijos del Senador Flavio Clemente y escribió *De Institucione Oratoria*, conjunto de 12 libros que hablan del arte de enseñar: diciendo que la escuela debe ser alegre, que padres y maestros deben estar en contacto, oponiéndose a los castigos... Está considerado como el mejor educador de la antigüedad, su obra sigue vigente y aparece en todos los tratados de pedagogía.

Calahorra. Humilladero de peregrinos y mercado.

Calahorra es el corazón y está rodeada de la mejor huerta riojana donde se cultivan las selectas verduras que darán extraordinaria menestra. Calahorra fue importante ciudad romana, que poseyó los productivos Alfares de La Maja, descrita por los historiadores Estrabón, Tito Livio, Plinio y Tholomeo; allí está Quintiliano con la mano levantada saludando a los recién llegados; desde allí parte el Paseo del Mercadal, que en época romana fue un circo en el que se celebraban *naumaquias* (luchas de gladiadores desde dos embarcaciones) y ahora es lindo paseo lleno de signos romanos: a Bebricio, a la Matrona Calagurritana; al final está el Parador de Turismo.

Calahorra conserva, cerca de la Fuente de los trece caños, un gran templete de crucero o humilladero de peregrinos llegados del Mediterráneo para incorporarse al Camino Francés en Logroño. La Catedral se alza en el lugar en que fueron martirizados los patronos de la ciudad: San Emeterio y San Celedonio, junto a la hermosa pila bautismal. La portada principal es obra de los Raón a fines del XVII y la de San Jerónimo es una delicada obra plateresca re-

Catedral de Calahorra.

La Matrona Calagurritana

Cuenta la leyenda que esta matrona que sostiene un brazo entre sus manos recuerda las famosas hambres calagurritanas cuando el asedio al que sometió la ciudad el general Afranio. La matrona encendía cada noche todas las cocinas para hacer creer a los sitiadores que Calahorra estaba llena de defensores. Cuando lograron entrar, mataron a los pocos que quedaban con vida y descubrieron a la Matrona alimentándose con un brazo humano.

Calahorra. Iglesia de Santiago.

ción restaurada. Tiene una bóveda que da gloria mirarla, abundantes e importantes capillas destacando la de los Santos Mártires y el Cristo de la Pelota. La sillería renacentista del coro fue labrada por Guillén de Holanda y Natuera Borgoñón. No puedes irte sin ver la sacristía, sala Capitular y claustro que forman el Museo Sacro albergando importantes joyas como la Custodia del Ciprés, filigrana gótica del XV regalada por el rey Enrique IV. En edificios anejos, convenientemente restaurados, está el importante archivo de una Diócesis de Calahorra que llegaba hasta el Cantábrico. Al salir de la catedral verás el Palacio Episcopal. Recorre las calles calagurritanas, entra en sus tiendas, come en sus restaurantes y asciende a la plaza Quintiliano que celebra los jueves su mercado semanal. Aquí la iglesia de Santiago luce fachada neoclásica, frontón triangular y torre con cúpula y linterna; dentro, hermoso Retablo Mayor dedicado al apóstol de Galicia, que junto con la sillería del coro salieron de las manos del calagurritano Diego Camporredondo. A escasos

Aldeanueva de Ebro. Exterior e interior de San Bartolomé. Monumento en la Plaza Mayor de Quel.

metros tienes el Museo de la Ciudad, donde verás los materiales romanos aparecidos en las excavaciones; destaca la Dama de Calahorra. La iglesia de San Francisco está en lo más alto de la ciudad. En la iglesia de San Andrés pujaron por la construcción del retablo los artistas locales Camporredondo y Adán realizándolo el segundo en forma de horno, con columnas bulbosas y rocallas. Pasando por la antigua puerta de la ciudad se llega al Mirador de Vellavista, que muestra su fértil huerta. No le faltan a Calahorra industrias conserveras, ni un lugar campestre que rodea a la Estanca Perdiguero, embalse de mediados del pasado siglo al que se acude para comer unas chuletas al sarmiento o cualquier otra delicia gastronómica. La ruta nos empuja hasta **Rincón de Soto** donde hallaremos buena comida, la torre barroca construida en ladrillo y el Retablo Mayor de su iglesia parroquial; el *Monumento a la Tierra y al Ebro* representado por una mujer y un lienzo que quiere representar el agua, y un monumento vivo es el jotero Antonio García. También hay en Rincón buenas conserveras y una de las mejores industrias del mueble especializado en cocinas. La torre de la iglesia de San Bartolomé delata la presencia de **Aldeanueva de Ebro**, que en su interior acaso guarde el mejor retablo renacentista de la

Quel. El "Picuezo" y la "Picueza".

Rioja Baja. Sus gentes emprendedoras crearon una bodega cooperativa que es modelo de organización y calidad y otra de conservas, KUMIX, y frutos de la huerta. En Aldeanueva nació el escultor Miguel Angel Sáinz, autor del *Monumento a los Ciclos de la Vida*, de la plaza de las Vaquillas y tantas obras magníficas. Antes de irte de Aldeanueva puedes echar un rezo en la bella ermita de los Remedios para que guíe tu camino hacia a **Autol**, donde dos gigantescas esculturas, que llaman el Picuezo y la Picueza, nos dan la bienvenida, son impresionantes e impresiona más saber que la escultora que las labró fue la propia naturaleza; el pueblo acuesta sus casas en la ladera del monte, al amparo de las ruinas del castillo y de su iglesia de San Adrián y Santa Natalia, coronada por torre de ladrillo, luciendo hermoso Retablo Mayor con imagen de la Virgen de Yerga, magnífico aguamaniles, una sacristía que es gloria bendita, celebra cada año los festivales de Masas Corales. Buena huerta y excelentes conservas.

El Picuezo y la Picueza

Cuenta la leyenda que un hombre y una mujer entraron a robar uvas a una viña de Autol y aunque consiguieron apresarlos, no pudieron demostrar que habían robado las uvas, por lo cual parecía iban a escapar riéndose de la justicia; pero el destino había previsto que no saliesen de Autol, que permaneciesen allí para siempre convertidos en estatuas de piedra por haber robado y mentido. Ahora se dedican a dar la bienvenida a los que llegan y a despedir a los que se van.

Tonelero.

El Panyqueso

El *Panyqeso* es una romería muy antigua a la que forasteros, queleños y turistas acuden a la ermita del Cristo para recoger el pan y el queso bendecidos que los cofrades arrojan desde el balcón del edificio cristiano. La tradición viene de antiguo, cuando la peste de 1479 diezmaba a los habitantes de la zona; los que conservaron la vida encendieron velones a Cristo, la Virgen y varios santos con intención del cirio que más durase era al que se habían de encomendar; y duró más el de Cristo, así que cada 6 de agosto se encaminan a la ermita del Cristo y allí reparten la caridad, que consiste en pan y queso, aunque no falta el vino de Rioja para acompañar la comida campestre en recuerdo de la peste de 1479.

Botero en Quel.

Antes de llegar a **Quel** descubrimos sobre el farallón rocoso el castillo que vigila el valle conservando buena parte de su estructura medieval en un entorno de abundantes plantas aromáticas y desde donde se divisa buena parte del valle del Cidacos. Aquí nació el dramaturgo Manuel Bretón de los Herreros, aquí se conserva su casa natal y aquí en la plaza están, esculpidos por Miguel Angel Sáinz, los protagonistas de su obra teatral más conocida: "Marcela o cuál de los tres". Buena huerta, bodegas, conservas, licores y las mejores ciruelas pasas que vas a encontrar.

Posiblemente al dirigirte a **Alfaro** veas la mayor colonia de cigüeñas del mundo sobrevolando su caserío. Posee el mayor término municipal de La Rioja y uno de los más grandes de España, con alturas de 1.101 m. en Monte Yerga y 270 m a la orilla del Ebro. A esta ciudad riojana los árabes la llamaron Alfaro, los romanos *Gracurris* y antes era nombrada *Ilurcis.* No dejes de visitar, junto al río Alhama, el Ninfeo romano o fuente de las ninfas, con una escalera que accedía a la antigua calzada y puente. Cerca de allí las Bodegas y Hotel Palacios tienen un interesante Museo del Vino con abundantes utensilios empleados en la elaboración y crianza del vino, además de una curiosa colección de botellas de vino de Rioja; y para completar el mundo del vino debemos acercarnos a la Tonelería Magreñán donde construyen las barricas de roble que ayudarán a envejecer los vinos. Mirando a la plaza y frente al ayuntamiento alfareño se alza la mayor iglesia riojana, San Miguel, con aires de catedral, construida entre los siglos XVI y XVII con una fachada impresionante: la gran escalinata asciende para formar un amplio pórtico mientras dos potentes torres crecen hacia el

Alfaro. Ninfeo romano y mercado en la Plaza Mayor.

cielo a ambos lados rematándose en chapiteles, mientras en su parte central se abren tres puertas de ingreso decoradas con arcos triunfales y frontones; encima hay un bellísimo conjuratorio formado por nueve arcadas de medio punto que se corona con una especie de ático barroco. En el interior de la colegiata se guarda el colosal relicario de templete rematado por la imagen de San Miguel Arcángel triunfante sobre el demonio, salido de las manos del imaginero vallisoletano Gregorio Fernández; también alberga un Crucifijo romanista de fines del XVI. Magnífica Dolorosa de Juan de Mena, estatua orante de Araciel y sillería del coro del XVIII. A dos pasos puedes endulzarte con los riquísimos *rusos* de la Pastelería Malumbres. También podrás visitar la iglesia del Burgo y la de San Francisco, la ermita de San Roque, la antigua cárcel y en el monte La Plana contemplar una buena vista de la ciudad desde el Mirador; al sur de Alfaro está el pantano de la Molineta, que es buen lugar para actividades deportivas de pesca y remo. No olvidarse de las conserveras, que hacen delicias con las ricas hortalizas y frutas de la huerta alfareña.

De Aldeanueva de Ebro al Monte Yerga con las botas puestas

Salimos de Aldeanueva por la carretera que va a Autol y poco antes de llegar a la autopista tomamos un camino a la izquierda que se dirige a los términos de Mazaterón primero y Retreespesa después; al cabo de 7 u 8 km el camino discurre paralelo a la Yasa Agustina. Al poco encontramos los Corrales de la Marra. Siguiendo la Yasa Agustina descubriremos a nuestra izquierda varios cortafuegos que ascienden hasta la cumbre del Monte Yerga. Feliz caminata.

Iglesia de San Miguel en Alfaro.

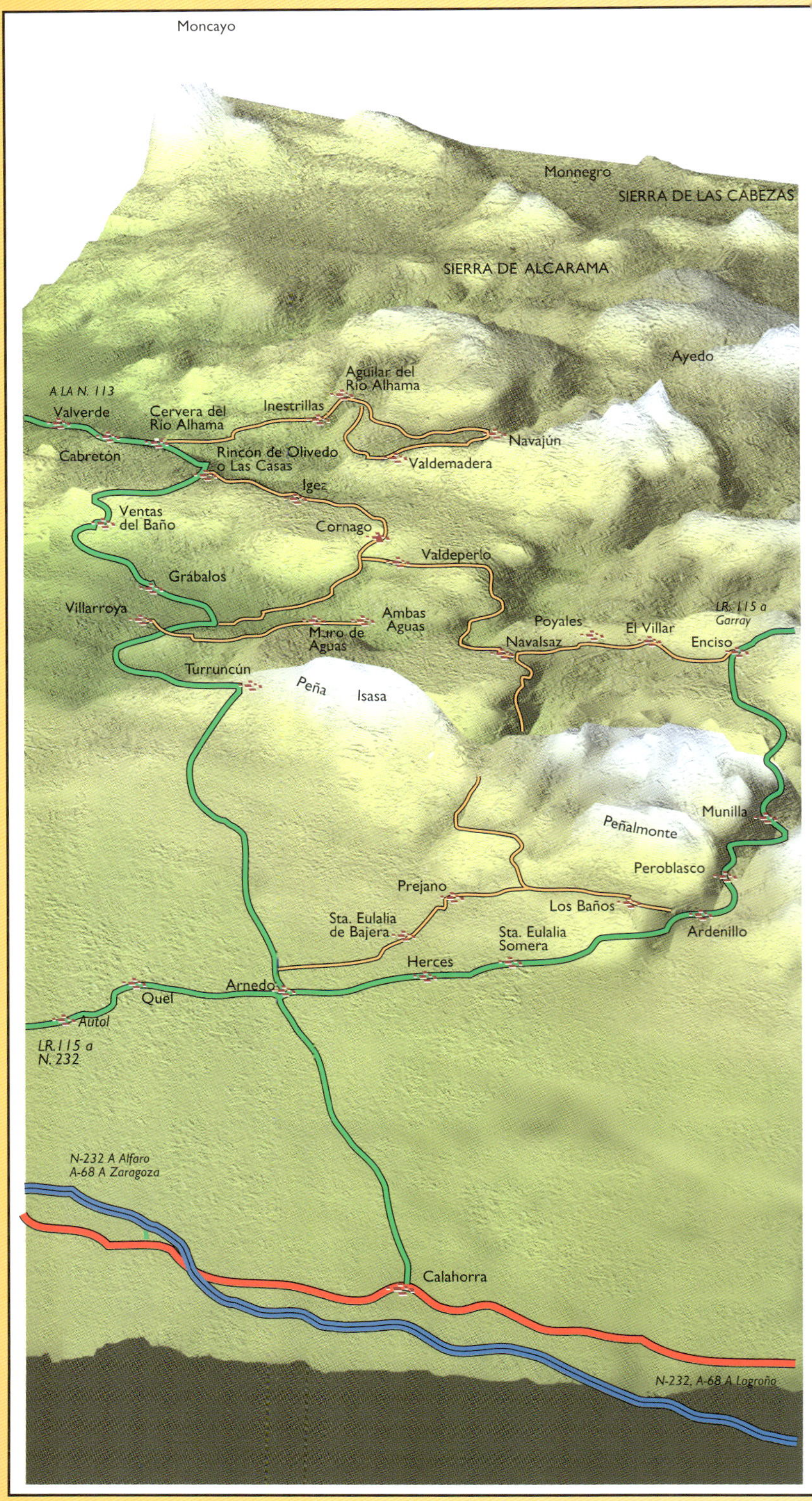

Moncayo
Monnegro
SIERRA DE LAS CABEZAS
SIERRA DE ALCARAMA
Ayedo
A LA N. 113
Valverde
Cervera del Río Alhama
Inestrillas
Aguilar del Río Alhama
Navajún
Valdemadera
Cabretón
Rincón de Olivedo o Las Casas
Igea
Ventas del Baño
Cornago
Valdeperlo
Grábalos
Villarroya
Ambas Aguas
Muro de Aguas
Poyales
El Villar
LR. 115 a Garray
Navalsaz
Enciso
Turruncún
Peña Isasa
Munilla
Peñalmonte
Peroblasco
Prejano
Los Baños
Sta. Eulalia de Bajera
Sta. Eulalia Somera
Ardenillo
Herces
Arnedo
Quel
Autol
LR.115 a N. 232
N-232 A Alfaro
A-68 A Zaragoza
Calahorra
N-232, A-68 A Logroño

RUTA 8: LOS DINOSAURIOS

Comprende esta ruta un apasionante recorrido que no olvidarás: Desde la autopista A-68 con salida en Calahorra, tomando la LR-134 llegamos a Arnedo, aunque de igual modo podemos acudir desde la N-232 por las: LR-123, LR-134 y LR-115. Desde Arnedo siguiendo la LR-115 llegamos a Herce, Santa Eulalia (Bajera y Somera), Arnedillo, Peroblasco (la LR-484 nos lleva a Munilla) y Enciso. (Para llegar al monasterio de Vico y Préjano debes tomar la LR-382 desde Arnedo). De Enciso al Barranco de los Cayos en tierras de Cornago, por una pista por la que también pueden viajar turismos. La LR-283 nos lleva a Cornago, Igea y Rincón de Olivedo saliendo a la LR-123 hasta Cervera. Luego por la LR-284 a Contrebia Leukade, Inestrillas y Aguilar. Desde Aguilar a Valdemadera y Navajún por la LR-490. Regreso a Cervera y tomando la LR-123 para Grávalos, Villarroya y Turruncún.

ARNEDO

Ayuntamiento. Pza. Nuestra Señora de Vico. ☎ (941) 38 10 80.
Iglesia Sto Tomás Palacio, 20 ☎ (941) 38 08 80.
Iglesia San Cosme y San Damián San Cosme, 1 ☎ (941) 38 08 80.
Iglesia Santa Eulalia Santa Eulalia, s/n ☎ (941) 38 08 80.
Monasterio Cisterciense de Vico Ctra. Préjano, s/n. ☎ (941) 38 02 95.
Oficina de Turismo Palacio de la Baronesa ☎ (941) 38 39 88.
Museo del Calzado Palacio, 8. Amigos Arnedo: Faustino, ☎ (941) 38 29 22.
Centro Salud República Argentina s/n ☎ (941) 38 02 35.
Restaurantes:
Sopitas Carrera, 4 Cabrito asado, delicias de cocina. ☎ (941) 38 36 69.
Picabea Virrey Lezana, 1 Solomillo a la pimienta, besugo ☎ (941) 38 44 94.
Virrey Constitución, 27 Buena cocina riojana. ☎ (941) 38 01 50.
Joselito Santiago Milla, 8. Cabrito asadito. ☎ (941) 38 46 59.
Alojamientos:
Hotel Victoria *** Constitución, 97 ☎ (941) 39 01 00.
Hotel Virrey * * Constitución, 27 ☎ (941) 38 01 50.
Fonda España Juan Carlos I, 15 ☎ (941) 38 03 52.
Albergue juvenil Las Pirámides. 65 plazas ☎ (941) 38 10 80.
Compras:
Calzados. Abundan almacenes y fábricas por doquier.
Fardelejos la Pala Santo Domingo, ☎ (941) 38 06 83.
Fardelejos la Pili Constitución, 26 ☎ (941) 38 03 66.
Pastas y cerámica decorada Monasterio Vico. Ctra. Préjano ☎ (941) 38 02 95.
Queso artesano: Quesos Celia. Vía Crucis, 22 ☎ (941) 38 47 26.
Antigüedades Eguizábal Palacio, 8 ☎ (941) 38 07 12.
Bodegas:
Cooperativa Virgen Vico Polígono El Raposal ☎ (941) 38 02 57.
Faustino Rivero Ulecia Ctra. Soria, 73 ☎ (941) 38 00 57.

BERGASA

Ayuntamiento Ctra. Arnedo, s/n. ☎ (941) 39 50 27.
Queso Tío Sanz Eras Altas, s/n. ☎ (941) 39 50 92.

HERCE

Ayuntamiento. Pza. Constitución, 1 ☎ (941) 40 71 05.
Albergue juvenil La Estación. 20 plazas ☎ (941) 29 11 00 (ext. 6202).
Restaurante Tiburcio Fray Atanasio, 4. Cabrito asado ☎ (941) 40 72 08

SANTA EULALIA (BAJERA Y SOMERA)

Ayuntamiento. En Medio, s/n. ☎ (941) 40 70 73.
Embutidos y jamones Eguizábal Carretera, s/n. ☎ (941) 40 70 16.

PRÉJANO

Ayuntamiento Juan XXIII, 16 ☎ (941) 39 90 05.
Casa Rural La Solana 4 plazas. La Solana, 50 ☎ (941) 39 91 08.

ARNEDILLO

Ayuntamiento: Pza. Félix Merino s/n. ☎ (941) 39 40 05.
Iglesia San Servando y San Germán Félix Merino, 1 ☎ (941) 39 40 13.
Balneario de Arnedillo Joaquín Velasco, s/n. ☎ (941) 39 40 00.
Restaurantes:
Cañas Av. Cidacos, 23. Cabrito, cocina riojana. ☎ (941) 39 40 22.
La Florida Av. Cidacos, 27. Piscina para clientes. ☎ (941) 39 40 29.
La Petra Av. Cidacos, 22. Cocina riojana tradicional. ☎ (941) 39 40 23.
Marrodán Joaquín Velasco, 4. Buena cocina riojana. ☎ (941) 39 40 04.
Mesón Los Cazadores Av. Cidacos, 35. Hay que probarla. ☎ (941) 39 41 38.
Molino del Cidacos Ctra. Arnedo km 63,5 Delicias gastronómicas. ☎ (941) 39 40 63.
Parras Joaquín Velasco s/n. Cocina riojana. ☎ (941) 39 40 34.
Alojamiento:
Hotel SPA **** Balneario. Joaquín Velasco, s/n. ☎ (941) 39 40 00.
Hotel El Molino del Cidacos ** Ctra. Arnedo km 63,5 ☎ (941) 39 40 63.
Hotel El Olivar *** Ctra. Soria km 62 ☎ (941) 39 41 05.

Hotel Marrodán* Joaquín Velasco, 4
☎ (941) 39 40 04.
Hostal Parras* Joaquín Velasco. s/n.
☎ (941) 39 40 34.
Fonda Moral Av. Cidacos, 25
☎ (941) 39 40 07.
Bodegas:
Santuario Vinícola Riojano Ctra. Arnedo km 63,5 Puedes tener en la bodega tu propia barrica de vino ☎ (941) 39 40 63.

MUNILLA
Ayuntamiento Pza. Sta. María, s/n.
☎ (941) 39 40 11.
Restaurante Círculo de Munilla Roberto Enciso, 8. Verdura del tiempo, cabrito asado.
☎ (941) 39 41 12.
Albergue juvenil Hayedo Santiago 52. plazas
☎ (941) 29 11 00 (ext 6202)
Queso artesano La Aulaga Escaleras, 48
☎ (941) 39 42 04.

ENCISO
Ayuntamiento Pza. Mayor, s/n.
☎ (941) 39 60 05.
Centro Paleontológico Horario: 1 de junio al 15 de septiembre: laborables de 11 a 14; sábados y festivos: 11 a 14 y 17 a 20. Resto del año: sábados y festivos de 11 a 14. Grupos y visitas concertadas, ☎ (941) 39 60 93.
Guías para visitar yacimientos
☎ (941) 39 60 93 - 39 42 26.
Restaurantes:
La Estrella La Virgen, 1 ☎ (941) 39 60 11.
La Fábrica Ctra. Soria, 10. Antigua fábrica harinas, ensalada cachonda, ciervo.
☎ (941) 39 60 51.
La Casona del Dinosaurio Camino de las huellas s/n. Cocina riojana con atrevidos toques.
☎ (941) 39 60 80.
Alojamientos:
Casa Rural Tahona 12 plazas. Ctra. Soria, 4
☎ (941) 39 60 66.
Posada Santa Rita 12 plazas Ctra. Soria, 7
☎ (941) 39 60 71.
Casona del Dinosaurio Camino de las huellas, s/n. ☎ (941) 39 60 80.
Compras:
Tienda El Puente Puente Cidacos. Miel, mantas, almazuelas, pins, dinosaurios, cerámica, artesanía. ☎ (941) 39 60 86.
Fábrica de mantas Marín Carretera
☎ (941) 39 60 92.
Embutidos y jamones La Estrella Mayor, 22
☎ (941) 39 60 13.

CORNAGO
Ayuntamiento Pza. Carlos Pinilla, s/n
☎ (941) 19 60 01.
Restaurante Txoto Cercas, 16. Pochas, pimientos rellenos, torrijas ☎ (941) 19 60 39.
Albergue juvenil Condestable 24 plazas
☎ (941) 29 11 00 (ext 6202)
Balneario La Pazana
☎ (941) 38 34 73–38 16 48.
Coto Social de Caza Información
☎ (941) 29 11 00 ext. 4562 Dir. Gen. Montes.

IGEA
Ayuntamiento Pza. San Pedro, s/n
☎ (941) 19 40 01.
Restaurante Avenida Fonda Mayor, 17 Pochas a la riojana, chuletillas, pimientos rellenos
☎ (941) 19 40 04.
Museo de los Dinosaurios
Pza. San Pedro, s/n. Enseñan los chicos.
Miel pura de abejas, cosecha propia. Se lee en varios carteles. Miel abundante y de calidad.

CERVERA DEL RIO ALHAMA
Ayuntamiento Av. Constitución, 7
☎ (941) 19 80 00.
Centro Salud Av. Constitución, 7
☎ (941) 18 89 25.
Parroquia de San Gil San Gil, 7
☎ (941) 19 80 40.
Parroquia de Santa Ana Pza. Gil Moreno, 1
☎ (941) 19 80 41.
Restaurante La Rubia Santa Ana, 57 Cocina riojana ☎ (941) 19 80 50.
Alpargatas Rodrigo Ctra. Aguilar s/n.
☎ (941) 19 87 06.

AGUILAR
Ayuntamiento Alfonso Benito, s/n
☎ (941) 19 70 00.

NAVAJUN
Piritas. Minas Victoria Mayor, s/n
☎ (941) 17 71 78.
Casas Rurales:
Casa don Pedro Abajo, 9. 12 plazas
☎ (941) 19 71 74.
Casa Victoria II Abajo, 21. 10 plazas
☎ (941) 19 70 18.

VALVERDE (CERVERA)
Restaurante Mojón 3 Reyes Ctra. Pamplona Madrid. Cocina riojana, menú económico.
☎ (941) 19 84 52.
Hostal Mojon 3 Reyes Ctra. Pamplona Madrid
☎ (941) 19 84 54.

VENTAS DEL BAÑO (CERVERA)
Restaurantes:
Angelita Carretera. Cocina regional.
☎ (941) 948 77 61 53.
Casa Royo Carretera. Caza, asados, embutidos.
☎ (941) 948 77 61 28.
La Parra Carretera. Bacalao, perdiz, malviz.
☎ (941) 948 77 60 03.
Pepa Carretera. Bacalao, conejo.
☎ (941) 948 77 61 16.

GRAVALOS
Ayuntamiento Pza. José M. Fraile s/n.
☎ (941) 39 80 05.
Cavas y Bodegas Benito Escudero Bodega familiar. ☎ (941) 39 80 08.

MURO DE AGUAS
Ayuntamiento Ancha, 7 ☎ (941) 39 81 06.
Embutidos Ismael Camino Cementerio s/n.
☎ (941) 39 81 29.

RUTA 8. LOS DINOSAURIOS

Cuando llegamos a **Arnedo** se aprecian, frente a la gasolinera, algunas viviendas rupestres excavadas en la tierra rojiza de la montaña; más veremos, pero la Cueva de los Cien Pilares se remonta a la época de los ermitaños medievales. Entre la arcillosa ladera de su castillo y el río Cidacos se cuenta la historia del largo pasado arnedano: Parece poblado desde el Neolítico por su posición estratégica, fue paso obligado entre *Calagurris* y *Numantia* con los romanos; desde su castillo moro recordamos la importancia de los Banu Casi (familia de origen visigodo convertida al islam para no perder su extenso territorio). Durante el último medio siglo se ha convertido en la tercera capital de la industria del calzado. Arnedo es ciudad vitalista y emprendedora cuyas gentes amables y acogedoras la han hecho crecer con su trabajo, pero sin renunciar a los pequeños placeres de la vida. Visitamos la iglesia de Santo Tomás con su portada gótica y con una bóveda estrellada de ocho puntas que te encantará; luego nos acercamos al Museo del Calzado, que se completa con una extraordinaria colección de piritas que te dejará boquiabierto, ade-

Vista de Arnedo.

Arnedo. Bóveda estrellada de la iglesia de Santo Tomás.

más de varias piezas del Jurásico, o del Cretácico. Para tomar algo, nada mejor que un *fardelejo* (pastel de origen árabe, a base de almendra, famoso en la ciudad del calzado); luego podemos ascender por estrechas calles hasta la iglesia de San Cosme y San Damián con su bello retablo de hermosas columnas salomónicas, que acoge a los santos patronos de Arnedo; la iglesia de Santa Eulalia puede ser la más antigua. Antes de comer saborea unas ricas tapas por las bares arnedamos; no dejes de probar las gordillas acompañadas de un vino de Rioja. De noche puedes ir de marcha por cafés y pubs recorriendo las calles Sanjurjo y Libertad. También son típicos los almuerzos ar-

Arnedo. Museo del Calzado.

nedanos donde en unas brasas: ajos tiernos, huevos, caracoles, pimientos, cebollitas y chuletillas hacen un buen yantar que habla de su actividad agrícola, que no se ha perdido a pesar de la industria. Arnedo entrega cada año el *Zapato de Oro* al espada que ha realizado mejor faena en el ruedo taurino. La patrona de Arnedo es la Virgen de Vico, talla románica de fines del XII que según la leyenda fue hallada por un moro que se convirtió al cristianismo, edificó una ermita y fue santero hasta el final de sus días; puedes visitar el Monasterio de Vico, a 3 km de Arnedo en un lugar tranquilo y lleno de paz donde podrás comprar ricas pastas que elaboran las monjas y cerámica decorada. De Arnedo, por la carretera de la margen izquierda del río, se llega a **Herce**, que tiene iglesia de San Esteban y en lo alto, junto a la ermita del Salvador conserva los restos de una torre fuerte del siglo XIII hasta donde puedes llegar dando un paseo; buenas hortalizas y frutas en las huertas del Cidacos. Luego vienen los pueblos de **Santa Eulalia Bajera** y **Somera**. La carretera que desde Arnedo sigue la orilla derecha del Cidacos, tras pasar Vico, entre campos de almendros y olivos, llega a **Préjano**, que antaño extraía carbón de sus minas; todavía conserva su fortaleza del siglo XV, un templete que carece de rollo donde amarrar bandidos y de cruz; la parroquial de San Miguel, edificio del XVI, y la iglesia de San Esteban (segunda mitad del XV) con retablo mayor a base de tablas renacentistas atribuidas a Andrés de Melgar y Alonso Gallego. Hace varios millones de años las cuencas del Alhama y el Cidacos formaron parte de un gran delta fluvial con abundante vegetación permitiendo la vida de los **dinosaurios**, que tras desaparecer de la Tierra nos dejaron sus huellas fosilizadas que llaman **icnitas**,

Castillo Moro de Arnedo

Castillo moro de Arnedo,
de esta ciudad, fronteriza
entre la Soria bizarra
y la Cantabria bravía.
Su torre del homenaje,
ingente mole maciza,
y su gran patio de armas
y su puente levadiza
nos hablan con mudo acento
de antiguas gestas moriscas.
Castillo moro de Arnedo,
eres hoy triste testigo
de otros hombres y otros días...
Ya en tu recinto no se oye
el alerta del vigía,
ni el piafar de los corceles,
ni el sonar de las bocinas.
La ciudad con indolencia,
a tus plantas se reclina,
y duerme en dulce silencio
bajo tus severas ruinas,
semejante a una sultana
que sueña, canta y respira...
La fértil vega del río
es rosa fragante y rica
que se ofrece seductora
en prenda de nueva vida.

Castillo de Arnedo.

Robo de los Santos

Desde hace 400 años, cada 27 de septiembre, los bustos de los Santos Médicos son sacados en procesión; los cofrades arnedanos portan las andas mientras un grupo de navarros simulan el robo de los Santos de Arnedo; tras varias carreras e intentos fallidos, los navarros dejan que la procesión siga su recorrido, aunque prometen intentarlo el año próximo. Si quieres disfrutar de jolgorio y diversión, no te pierdas en septiembre las fiestas patronales de Arnedo.

Vista de Préjano.

ondulaciones producidas por las aguas llamadas **ripples**, el impacto de gotas de lluvia y granizo, formando con todo como una gran fotografía de piedra disparada por la Naturaleza hace millones de años. En tierras de Préjano se encuentran buenos rastros de huellas de dinosaurios: los yacimientos de La Magdalena (7 icnitas de dinosaurio bípedo de unos 2,4 metros desde el suelo a la cadera; se llega bien desde Ambas Aguas recorriendo la senda del Barranco de los Lobos, 2,5 km) y Valdeté (hay un rastro de 11 huellas tridáctilas de dinosaurio bípedo; desde Muro de Aguas se recorre una pista forestal de 5 km. hasta llegar al Arroyo de las Cañadillas y el yacimiento queda a medio kilómetro de los corrales de Fuente Rinilla).

Las dos carreteras se juntan nada más pasar el túnel y el puente sobre el río para llevarnos a **Arnedillo**, que nos abre sus puertas desde los restos del castillo y puente de piedra. El Balneario da vida a esta población que reparte salud y sosiego a los miles de visitantes que acuden durante todo el año. Sus aguas medicinales surgen de las entrañas de la tierra a 52,5 ºC dispuestas a aliviar afecciones reumáticas, agotamiento físico, enfermedades respiratorias, secuelas traumáticas, neuralgias, lumbalgias, estrés; para ponerse en forma, relajarse o disfrutar de unas vacaciones muy sanas. Para conseguir tanto bienestar emplean bañeras de hidroterapia, estufas, barros, chorros a presión, masajes subacuáticos,

Aspecto de Arnedillo.

agua bebida, quiromasaje, baños romanos, *yacuzzi*... Se dice que Felipe V, el primer Borbón que reinó en España, refugiado en Corella cuando luchaba contra el archiduque Carlos en la Guerra de Sucesión, pidió agua del balneario de Arnedillo y algún tiempo después acudió toda la Familia Real a tomar las aguas. Tú también puedes disfrutar de los baños romanos, muy de moda actualmente, que forman un circuito termal que se recrea por varias piscinas con chorros, sauna y duchas a distintas temperaturas para anular la tensión acumulada por el ajetreo diario, sin olvidarse de los fabulosos *yacuzzi*.. Arnedillo tiene iglesia de San Servando y San Germán, del siglo XVI, con bello pórtico, tres naves, bóveda estrellada y hermosa torre. El último domingo de noviembre celebran la fiesta del humo acudiendo el pueblo y visitantes en procesión y llenando el espacio de humo quemando pino y romero; el acontecimiento recuerda tiempos pasados cuando la peste asoló la zona y sólo el humo de las plantas aromáticas pudo remediar la epidemia, y para que no vuelva a repetirse, permiten que el humo penetre en las casas y todos rompen a toser. Los aficionados a las setas podrán buscar los apreciados boletus y rebozuelos. Arnedillo posee la mejor oferta hostelera, con más de ochocientas camas y abundancia de restaurantes al mejor precio. Nuestro viaje sigue camino de **Peroblasco**, con su aire tan pintoresco; hay que cruzar un puente que salva las

De paseo hasta la cascada

Desde Préjano puedes dar un agradable paseo hasta una bella cascada; debes recorrer el camino del yacimiento de Valdemurillo siguiendo las señales. Pronto descubrirás las aguas que forman un hermoso salto que se remansa en el fondo y allí mismo, en lo alto del cerro, anida una colonia de rapaces que te maravillarán con sus majestuosos vuelos. Si deseas llegar al yacimiento de icnitas de Valdemurillo, debes continuar el paseo durante unos veinte minutos.

Arnedillo.

Excursión a Bergasa y las Bergasillas

Desde Arnedo se puede ir de excursión hasta Bergasa y Bergasillas Bajera y Somera. En Bergasa hallarán buen queso del Tío Sanz, la iglesia de la Asunción y la ermita de los Dolores. En Bergasillas Somera aún puedes ver la cabecera de una iglesia románica del XII hoy convertida en cementerio. A lo largo de todo el recorrido encontrarás bosques de roble y encina, carrascas, plantas aromáticas, setas, fuentes y buena caza: perdiz, liebre, jabalí, corzo... Piérdete entre el encanto y la paz campestre de esta excursión, te relajarás.

Ruta de las ermitas de Arnedillo

Es un agradable paseo que recorre caminos, sendas y atraviesa vaguadas, entre almendros, olivos, tomillo, ulaga, espliego y otras plantas aromáticas, que unen las ermitas de: la Virgen de la Torre (con su retablito), San Andrés y San Blas, San Miguel, Nuestra Señora de Peñalba (arruinado templo mozárabe), San Tirso (excavada en la roca) y Santiago; ermitas que la religiosidad popular ha recorrido tantas veces.

saltarinas aguas del Cidacos y aparcando, podemos pasear las estrechas y empinadas calles de esta aldea que también celebra la procesión del humo, últimamente echando humo de colores por las chimeneas de las casas. Seguimos hacia **Munilla**, que nos recibe con la chimenea de una antigua fábrica, re-

Vista de Enciso.

cuerdo de su pasado industrial aunque hoy es un tranquilo pueblecito donde disfrutar de unas agradables vacaciones. El Santo Cristo Serrano, talla gótica que juntaba en romería a los habitantes de la zona para festejar la Cruz de Mayo, se guarda en el interior de una de sus iglesias: San Miguel y Santa María; también podrás ver su crucero en una de las calles. En verano hay animación en el frontón y la piscina y en época de caza, el corzo y el jabalí son los de mayor interés. Se puede pasear hasta la ermita de Peñalavieja y decir a la Virgen esta oración que antaño tanto se repetía:

Virgen de Peñalavieja,
tres cosas te pido:
salvación y dinero
y un buen marido;
que ni fume tabaco,
ni beba vino,
ni vaya con otra,
sino conmigo.

Recorriendo los alrededores nos acercamos hasta las huellas de dinosaurio; tomamos el camino hacia San Vicente durante 1.800 metros, luego giramos a la derecha y tras recorrer 500 metros de camino forestal, llegamos al Yacimiento de la Umbría del Portillo: más de cien huellas en un rastro. Desde Munilla se puede llegar a **Zarzosa** y también a **Larriba**, despobla-

Las icnitas.

do a 1.231 metros de altura, el más elevado de La Rioja, desde donde se contemplan bellas panorámicas. Desde tan buena altura bajamos a **Enciso**, un historiado crucero de estilo Reyes Católicos bajo templete y adosado a la ermita de la Concepción, nos da la bienvenida; al lado, un lindo puente medieval ve discurrir las aguas del Cidacos en medio de un bucólico paisaje que encanta al recién llegado. De su pasado lanero y textil le quedan a Enciso algunas tierras deforestadas y una fábrica de mantas; pero ahora se ha convertido en la capital del Parque Jurásico y no en balde cuenta con el Centro Paleontológico, para la divulgación, promoción y estudio de las icnitas, que muestra una exposición permanente sobre: fósiles, dinosaurios, huellas, yacimientos, material audiovisual, biblioteca y archivo, que lo convierten en sede de reuniones científicas, de estudiosos, aficionados y turistas. Enciso te encantará: coronando el cerro sobre el que se asienta, todavía se conservan las ruinas de su castillo, que data del siglo X; de su importante pasado hablan sus dos iglesias: Santa María de la Estrella, del XVI,

Con las botas puestas a través del Parque Jurásico más importante de Europa

También puedes recorrerlo en coche por haber carretera y pista. He aquí una ruta que además de la vegetación y el paisaje ofrece importantes yacimientos de icnitas desde Enciso a Cornago con un recorrido de 23 km. Salimos de Enciso como si fuéramos a Soria, pero al final del pueblo giramos a la izquierda cruzando un puente sobre el Cidacos: un gran cartel anuncia los yacimientos de icnitas que vamos a encontrar. Desde el puente tomamos el camino de la derecha, encontrando una ermita y una zona de esparcimiento, y llegamos al yacimiento Virgen del Campo donde hay una amplia superficie de arenisca con abundantes icnitas de iguanodontes y carnosaurios. Recorriendo un par de kilómetros nos presentamos en el yacimiento de la Senoba donde aparecen unos 10 rastros de huellas. Luego debemos desandar lo andado, regresar al puente sobre el Cidacos y seguir las indicaciones del cartel por el camino de la izquierda. A los 1.900 m llegamos al Yacimiento de Valdecevillo, no tienen pérdida las cuatro huellas del gran carnosaurio dentro de un cercado frente al Tiranosaurio Rex, que está en lo alto (si tenéis niños, traedlos para que vean al gran dinosaurio, les encanta); ascendiendo yacimiento arriba hallarás un rastro de 5 icnitas del mismo tipo, y otras de cuadrúpedo (huellas traseras más grandes que las delanteras). Seguimos la pista y atravesamos la aldea de **El Villar de Poyales** con su hermoso caserío, su fuente y su lavadero; luego durante el camino iremos viendo el yacimiento de El Villar, con unas 20 huellas que forman tres rastros. A la derecha queda la aldea de **Poyales**, enseguida viene el yacimiento de la Cuesta de Andorra, frente a la aldea de **Navalsaz**. La pista continúa tranquilamente por la Sierra de Archena mientras disfrutas con la vegetación, el arbolado y las vistas que se te ofrecen. Después de una bajada debes atravesar la carretera y seguir la pista; una señal te mostrará el camino hacia el Barranco de los Cayos, posiblemente el mejor yacimiento y, desde luego, un buen ejemplo de cómo deben protegerse las icnitas. Junto al yacimiento hay aparcamiento para autobuses. (Por el camino, a tu izquierda, te invito a descubrir cómo la naturaleza ha tallado el espinazo de un gigantesco dinosaurio). Hay huellas de 3 carnívoros y 4 herbívoros, aunque las principales son de un carnosaurio de gran talla que desgarraba la carne de sus presas con poderosos dientes; las huellas delatan una velocidad de 4 km/h, y son abundantes los riples.

Iglesia de San Pedro en Cornago.

Tronco fósil de Igea.

que guarda una talla hispano-flamenca de la Virgen, y la iglesia de San Pedro, que conserva la torre almenada del XII, reconstruida en el XVI, y disfruta a la sombra de unos árboles centenarios mientras se recrea escuchando el cántico del río. Lo que fue una añosa fábrica de harina, se ha convertido en restaurante ofreciendo una sabrosa carta regional. Y además de todo Enciso dispone de un servicio de guías que acompañan a los turistas explicándoles los detalles de cada yacimiento y de los animales que lo habitaron hace 120 millones de años.

Regresa a la carretera y descubre **Cornago** con su castillo medieval, perteneciente a la familia de don Alvaro de Luna, y su iglesia de San Pedro en lo alto del cerro, mientras el caserío se desparrama por la ladera al amor de tan buenos protectores; orienta sus casas a los rayos del sureste y dibuja sus calles siguiendo las curvas de nivel. Piérdete entre sus rúas estrechas, observa su arquitectura y busca una sencillísima ermita de San Blas, edificada, según dicen, sobre una sinagoga, pues Cornago tuvo una importante judería; verás a las mujeres en la calle haciendo su labor: cosiendo alpargatas, haciendo punto, trenza, a veces soga y hasta hilando con la rueca he llegado a ver. Buen coto de caza el de Cornago, y buenos paseos que se pueden dar: seguro que te encantaría seguir el río Linares, aguas arriba, pasando por **Valdeperillo** y descubriendo su arquitectura

Vista de Igea.

popular, hasta llegar al Molino de la Aldehuela. También puedes tomar las aguas durante 9 días en el balneario de la Pazana, indicado para afecciones cutáneas. Cornago cultiva buenas frutas, pero es famosa la manzana camuesa. Y disfrutando de su rico sabor marchamos a **Igea**, pero antes de llegar nos muestra una de sus joyas paleontológicas: cuando descubras una ermita en lo alto, a tu izquierda verás enseguida el *tronco fósil* que vivió entre los dinosaurios hace 120 millones de años (hallado por un muchacho cuando pastoreaba las ovejas). Ya en Igea no dejes de visitar el Museo de los Dinosaurios donde los guías son chicos de la escuela, que manejan el vocabulario científico como si hablasen de cromos o canicas: glauconias, lumaquelas, coprolitos, palaudinas, riples, trilobites... y responderán con paciencia a tus preguntas. ¡Pocos museos habrá tan artesanales y que ofrezcan tanto! Si los chicos te acompañan, seguirán siendo unos guías fantásticos mostrándote buenos rastros de huellas en el yacimiento de la Cañada, el de Santa Ana (próximo a la ermita), el de La Torre, Las Navas y la Era del Peladillo, donde verás las icnitas más grandes. El año 1985 aparecen los primeros restos del *Hipsilofodón*, hallados por el maestro Angel Gracia, dinosaurio de 4 patas, de unos 2 m de la cabeza a la cola, que vivió en el Cretácico. No dejes de ver el palacio del Marqués de Casa Torre, construído entre 1725-1729 por quien llegó a ser virrey del Perú; de planta cuadrada, 4 alturas a la calle y cinco al río Linares, con buenas arcadas, construido en ladrillo, basalto en esquinazos y aberturas, dos hermosos escudos de alabastro y puerta enmarcada por un arco triunfal abriéndose al portalón y escalinata que luce bella linterna con tambor sobre trompas decoradas con los Cuatro Evangelistas.

Muy cerca del palacio se eleva la iglesia de la Asunción, con sus tres naves del XVIII, que guarda una hermosa custodia de plata dorada, regalo del marqués; la torre, del XVIII, es de ladrillo al estilo de la Rioja baja, con un cuerpo cuadrado, campanario octogonal y rematada por chapitel en forma de cúpula y linterna con campanillos, luego la bola del mundo y la cruz cristiana. No se te ocurra irte de Igea sin probar la rica miel, que recoge una cosecha que no baja de los 35.000 kilos. Y con tan dulce sabor seguimos hacia **Rincón de Olivedo** o **Las Casas**, perteneciente al municipio de **Cervera del Río Alhama**, asentada en el valle de su nombre y desde el Balcón de Cervera contemplamos lo que queda del añoso castillo árabe, que algún historiador re-

Cervera del Río Alhama con las ruinas de su antiguo castillo.

monta su antigüedad hasta el tiempo de los romanos; infinidad de viviendas rupestres o cuevas que le dan al cerro un aire romántico; la ermita de la Virgen del Monte en cuyo camarín se guarda una talla muy querida del siglo XIII de la patrona de la ciudad; la parroquia de San Gil en medio del barrio con su impresionante torre campanario a los pies, su original Retablo Mayor renacentista formado por la unión de dos elementos y presidido por San Gil; la parroquia de Santa Ana, en el centro de su barrio, con bella portada, amplio templo de hermosa bóveda, con Retablo Mayor que mezcla pintura y escultura presidido por Santa Ana con la Virgen y el Niño formando una Santa Generación, en el coro alto hay un rico órgano. No debes irte de Cervera sin contemplar la labor de los alpargateros o sin llevarte alpargatas para toda la familia (son buenas, baratas y ecológicas).

Anécdota del Palacio

Al regresar el marqués de Casa Torre a su pueblo natal quiso levantar el palacio más hermoso y tantos dineros llevaba gastados en la construcción, que un amigo suyo le confesó su preocupación de que acabase arruinado por tan costosa obra. No le respondió el marqués y se limitó a enviar a un criado para que trajera un cubo de agua del río Linares. «¿Has visto que haya menguado el caudal del río por quitarle el agua que hay en este cubo? –habló el marqués a su paisano–. Pues despreocúpate, querido amigo, que mis arcas tampoco notarán la falta cuando termine el palacio». El amigo del marqués se quedó mucho más tranquilo con explicación tan elocuente, aunque no pudo menos que responder: «¡Pues qué buena lana dan esas ovejas!», haciendo un juego de palabras con el apellido del marqués que se llamaba Juan José Ovejas.

Dejamos Cervera y rodamos hacia tierras de Aguilar, aunque un letrero de carretera nos informa del Poblado celtibérico de **Contrebia Leukade**, ciudad fortificada a orillas del Alhama, que forma sus buenas defensas por un escarpe, una muralla y un foso de más de 600 metros. Aún se aprecia la urbanización de la ciudad, sus calles, sus casas de planta rectangular excavadas en la roca y hasta un pozo o algibe, que busca sus aguas en el freático del río, con su escalera de acceso. A pesar de sus impresionantes defensas fue conquistado el año 142 a. de C. por los romanos tras 44 días de asedio (Es un agradable paseo en el que retrocedemos más de 2.000 años en la historia llegando hasta la cima de la montaña a través de la vaguada). Y hablando de defensas, seguiremos la ruta para llegar a **Inestrillas** donde aprovechando las cuevas colgadas del farallón rocoso construyeron hacia el siglo XII un paredón defensivo con estrechas ventanas o aspilleras y almenas; no es una fortaleza espectacular, pero tuvo su utilidad como defensa del tipo de peñas bravas. Poco más allá se alza junto a la montaña la iglesia de la Natividad con su torre de cinco cuerpos y campanario del XVI. Seguimos hacia **Aguilar del Río Alhama**, que se descuelga por la ladera de la montaña teniendo en la cima las ruinas de su castillo, también puedes ver su iglesia de la Asunción que guarda un retablo mayor barroco del XVII con columnas salomónicas y una hermosa Asunción titular, además hay una ermita románica de Nuestra Señora de la Antigua. Luego emprendemos viaje hacia **Navajún** donde descubrirás una colonia de buitres leonados que te alegrarán la vista con sus vuelos majestuosos, pasarás por **Valdemadera** y no te faltarán plantas aromáticas a lo largo del camino; pero lo verdaderamente espectacular son los espantalobos, así llamaban los campesinos a unas piedras con un brillo especial a las que atribuían mágicos poderes; son las piritas, de tal calidad que están presentes en los mejores museos de Historia Natural; están catalogadas como las mejo-

Paisaje en la zona del Alhama, hacia Navajún.

Iglesia de Inestrillas.

res del mundo junto con las de Valdeperillo y Ambasaguas. Podrás visitar una mina y hasta adquirirlas para decorar tu casa con tan bello adorno que la Naturaleza ha tallado. Desde Navajún regresamos hacia Cervera y desde aquí señalar dos puntos destacados gastronómicamente: **Valverde**, buena comida y lugar donde está el Mojón de los Tres Reyes, sentados en época medieval a la misma mesa y sin salir ninguno de su reino, y las **Ventas del Baño** junto al Balneario de Fitero. Seguimos camino de **Grávalos** donde hallarás un viejo balneario de aguas sulfurosas, que hace años dejó de funcionar, la iglesia de Santa María de la Antigua y las Bodegas de Benito Escudero, no dejes de visitarlas, escucha sus buenas explicaiones y bebe sus vinos y cavas de excelente calidad; y siguiendo la ruta, llegarás al carrascal de Villarroya, magnífio bosque autóctono que debes recorrer a pie, pasearlo tranquilamente contemplando sus grandes encinas y hasta la fauna que lo habita; posee una charca y un área de esparcimiento con me-

Leyenda de Zara y Fortún

Era el tiempo de la dominación musulmana cuando las tropas del moro Abu Alhama cogieron prisionero al cristiano Fortún. La bella Zara, hija del gobernador árabe, bajó a las mazmorras, conoció al cristiano y entre ambos surgió el amor; con el correr de los días el cariño se hizo más grande y para vivirlo en plenitud, decidieron huir. Los enamorados contaban con la ayuda de una esclava de Zara, que enterró en un bosque cercano una arqueta con abundantes joyas, un banderín blanco con una cruz azul y un pergamino que daba cuenta de la promesa hecha a Santa María de levantar un templo si sus amores llegaban a término; pero no contaban con el malvado Alí, enamorado secretamente de Zara, que la vigilaba constantemente. Cuando los enamorados huyeron a caballo, Alí dio la alarma y al llegar al bosque para recoger la arqueta y huir a tierras cristianas, fueron hechos prisioneros. El cristiano Fortún colgó por el cuello de lo más alto de la torre del homenaje, la bella Zara consumió sus encantos en una oscura mazmorra y la arqueta fue hallada, muchos años después, por un pastor que gastó algunas monedas, pero al fin la entregó a un sacerdote cuando la muerte le vino a buscar. Con los dineros del arca se construyó el santuario y cada año por la Asunción, una doncella cerverana sube al tejado de la ermita de la Virgen del Monte y, en nombre de Zara, coloca el banderín.

El pueblo abandonado de Turruncún.

sas y asadores. Puedes llegar en unos minutos a **Muro de Aguas**, verás su fuente de 16 caños y excelente agua, su rollo cívico y probarás sus ricos embutidos; si te apetece llegar a **Ambasaguas** hay una pista forestal. Ya sólo nos queda **Turruncún**, un espectacular pueblo fantasma que al cerrarse la mina inició su despoblamiento; es una imagen exótica y triste, pero no te aconsejo que recorras sus calles para evitar accidentes.

Grávalos. Cavas en los pupitres.

RUTA 9. EL NAJERILLA

Iniciamos ruta en **Hormilleja** donde podemos cazar conejos, perdices y codornices, contemplar su pequeña iglesia y beber el vino de sus cepas antes de dirigirnos a **Uruñuela**, aquí hallaremos excelentes vinos, tanto elaborados en la cooperativa, como por los cosecheros; no nos olvidamos de la parroquial de San Servando y San Germán, del XVI, que luce torre cuadrada y Retablo Mayor barroco de Francisco de la Cueva; también tiene ermita del Patrocinio, que presume de cúpula y planta de cruz griega; y no nos vamos sin contemplar el hermoso rollo de más de 4 m de altura decorado con cuatro brazos y coronado por lo que parece el pomo de la espada de la justicia que ejercerá su fuerza sobre bandidos y delincuentes. Luego vamos a **Alesón**, donde la tradición popular asegura que bajo su casco urbano hay enormes depósitos de oro, pero nosotros nos contentaremos con visitar la parroquial de San Martín y acercarnos hasta la zona de esparcimiento campestre deportiva que hay junto al río. Luego iremos a **Manjarrés** y recorrere-

Cultivos en Uruñuela.

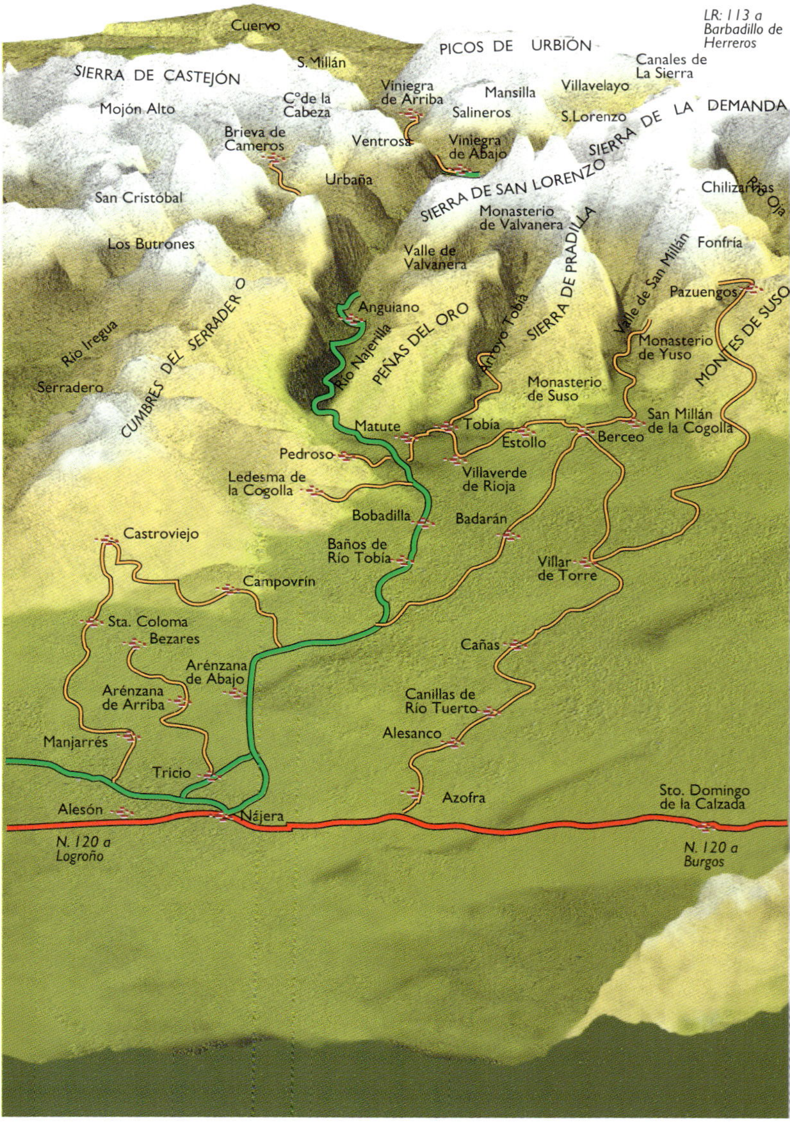
LR: 113 a Barbadillo de Herreros
Cuervo
S. Millán
PICOS DE URBIÓN
Canales de La Sierra
SIERRA DE CASTEJÓN
Viniegra de Arriba
Mansilla
Villavelayo
Mojón Alto
C° de la Cabeza
Salineros
S.Lorenzo
SIERRA DE LA DEMANDA
Brieva de Cameros
Ventrosa
Viniegra de Abajo
Urbaña
SIERRA DE SAN LORENZO
San Cristóbal
Chilizarrias
Río Oja
Monasterio de Valvanera
Los Butrones
Valle de Valvanera
SIERRA DE PRADILLA
Fonfría
Valle de San Millán
Pazuengos
Anguiano
Río Iregua
CUMBRES DEL SERRADERO
Río Najerilla
PEÑAS DEL ORO
Arroyo Tobía
Monasterio de Yuso
MONTES DE SUSO
Serradero
Monasterio de Suso
Matute
Tobía
San Millán de la Cogolla
Estollo
Berceo
Pedroso
Ledesma de la Cogolla
Villaverde de Rioja
Bobadilla
Badarán
Castroviejo
Baños de Río Tobía
Villar de Torre
Campovrín
Sta. Coloma
Bezares
Cañas
Arénzana de Abajo
Arénzana de Arriba
Canillas de Río Tuerto
Manjarrés
Alesanco
Tricio
Azofra
Alesón
Nájera
Sto. Domingo de la Calzada
N. 120 a Logroño
N. 120 a Burgos

RUTA 9: EL NAJERILLA

La ruta podemos iniciarla en Nájera dirigiéndonos a Hormilleja (LR-208), luego a Uruñuela (LR-113), a Alesón por la N-120 y de aquí a Manjarrés, Santa Coloma y Castroviejo por la LR-428. Regresamos a la N-120 y tras dos km. de marcha, un desvío a la izquierda nos deja en Tricio y siguiendo la LR-426 llegamos a Arenzana de Arriba y Bezares. De regreso a Tricio por la LR-430 nos presentamos en Arenzana de Abajo volviendo luego a la LR-113, que discurre paralela al Najerilla. Un ramal a la izquierda (LR-431) nos lleva a Camprovín. De regreso a la LR-113 llegamos a Baños de río Tobía y Bobadilla, tomando a la derecha la LR-432 a Matute y Tobía. Regresamos a la LR-113 y por la izquierda a la LR-433, que nos deja en Ledesma de la Cogolla; y otro ramal de la carretera del Najerilla nos lleva por la LR-434 a Pedroso. Siguiendo la LR-113 nos presentamos en Anguiano, más adelante la LR-435 (por la derecha) nos lleva al Monasterio de Valvanera. Desde la LR-113 un desvío a la izquierda nos sube hasta Brieva de Cameros (LR-332). Siguiendo por la LR-113 un devío a la izquierda nos conduce a Viniegra de Abajo, Ventrosa de la Sierra y Viniegra de Arriba. Siguiendo la LR-113 llegamos a Mansilla, Villavelayo y Canales de la Sierra donde acaba el recorrido.

INFORMACIÓN PRÁCTICA

HORMILLEJA
Ayuntamiento Pza. Constitución, 1
☎ (941) 36 10 37.
Iglesia de Santa Catalina Mayor, 9
☎ (941) 36 30 13.

URUÑUELA
Ayuntamiento Plaza, 1 ☎ (941) 37 10 06.
Iglesia de San Servando y San Germán
☎ (941) 37 11 59 (con Huércanos).
Bodegas:
Cooperativa El Patrocinio
Ctra. Cenicero ☎ (941) 37 13 19.
Jesús Amor Ctra. Somalo
☎ (941) 41 70 15.
Leza García Gral. Franco, 13
☎ (941) 37 10 45.

NÁJERA
Información sobre Nájera en la Ruta 1.

ALESÓN
Ayuntamiento Mayor, 5
☎ (941) 36 91 15.
Parroquia de San Martín Mayor, 11
☎ (941) 36 01 46.
Bodega Fernando López Alto de San Antón ☎ (941) 34 24 19.
Restaurantes:
Area Servicio El Campillo Ctra. Burgos. Carne a la brasa ☎ (941) 36 01 23.
San Andrés Ctra. Burgos. Cocina casera
☎ (941) 36 90 31.

MANJARRÉS
Ayuntamiento San Isidro, s/n.
☎ (941) 36 90 42.
Iglesia de la Asunción de Nª Señora
☎ (941) 36 01 45 (con Alesón).
Embutidos Garman Abajo, s/n.
☎ (941) 36 90 43.

SANTA COLOMA
Ayuntamiento Pza. Convención de 1812
☎ (941) 41 68 00.
Parroquial de Santa María
☎ (941) 36 70 58.

CASTROVIEJO
Ayuntamiento Mayor, 1 ☎ (941) 41 68 57.
Iglesia Asunción Nª Señora
☎ (941) 36 70 58 (con Santa Coloma).

TRICIO
Ayuntamiento Pza. Generalísimo, 1
☎ (941) 36 10 57.
Parroquia de San Miguel Arcángel
☎ (941) 36 10 74
Ermita de Santa María de Arcos
Circunvalación ☎ (941) 36 10 74

ARENZANA DE ARRIBA
Iglesia Asunción Nª Señora
☎ (941) 36 10 74 - 36 10 94 (con Tricio).

BEZARES
Iglesia de San Martín
☎ (941) 36 10 74–36 10 94 (con Tricio).

ARENZANA DE ABAJO
Ayuntamiento Pza. Ayuntamiento, 1
☎ (941) 36 14 03.
Iglesia Santa María ☎ (941) 44 96 52 (con Cárdenas).
Bodegas:
Ildefonso Francia Vino artesanal La Fuente, 8 ☎ (941) 36 36 37.

Nª Señora de la Antigua Fuentecilla, s/n. ☎ (941) 36 20 59.

CAMPROVÍN
Ayuntamiento Pza. Iglesia, 1
☎ (941) 36 21 79.
Parroquia de S. Martín ☎ (941) 36 25 12.

BAÑOS DE RIO TOBÍA
Ayuntamiento Mayor, 36
☎ (941) 30 01 12.
Parroquial de San Pelayo
☎ (941) 37 44 58.
Restaurante El Desván Pza. Gral Franco. Chuletas al sarmiento Tel 374275.
Hostal El Desván Bañuelos, 10
☎ (941) 37 47 53.
Embutidos y jamones: Sobrón, Dany, Amutio, Sasa, El Riojano, Altuzarra, Martínez Somalo, Loza, Ortiz, Sáenz de Santamaría...

BOBADILLA
Ayuntamiento Pza. Generalísimo, 1
☎ (941) 37 42 82.
Iglesia San Juan Bautista
Gral. Mola, 11 ☎ (941) 37 42 86.
Bodegas:
Ciriaco Tobías cosechero
José Antonio Somalo Las Eras
☎ (941) 20 23 51.
Embutidos don Arturo Ctra. Ledesma
☎ (941) 37 42 12.

LEDESMA DE LA COGOLLA
Iglesia de Santa María
☎ (941) 37 70 36 (con Anguiano).

MATUTE
Ayuntamiento Pza. Villegas, 2
☎ (941) 37 42 25.
Parroquial de San Román
☎ (941) 36 36 50.

TOBIA
Ayuntamiento Real de Abajo, 6
☎ (941) 37 46 27.
Iglesia Nª Sra. de los Angeles
☎ (941) 36 36 50 (con Matute).

PEDROSO
Ayuntamiento Pza. Martín Navarro, 3
☎ (941) 37 40 40.
Iglesia de El Salvador
☎ (941) 37 70 36 (con Anguiano).
Casa rural Monte El Carrascal
6 plazas San Juan, 4 ☎ (941) 37 42 30.

ANGUIANO
Información sobre Anguiano en la Ruta 2.

BRIEVA DE CAMEROS
Ayuntamiento: Pza. Pedro Duro, 1
☎ (941) 37 70 71.
Iglesia de San Miguel Arcángel
☎ (941) 37 81 69 (con Viniegra de Abajo).

VENTROSA DE LA SIERRA
Ayuntamiento Pza. Ayuntamiento
☎ (941) 37 80 15.
Iglesia de San Pedro y San Pablo
☎ (941) 37 81 69 (con Viniegra de Abajo).
Museo Etnográfico ☎ (941) 37 80 80.
Restaurantes:
El Horno El Peso, 1. Cocina casera
☎ (941) 37 80 80.
Valentina Revilla, 9. Cocina casera
☎ (941) 37 80 00.

VINIEGRA DE ABAJO
Ayuntamiento Elías Romero, 2
☎ (941) 37 80 12.
Parroquial Asunción de Nª Señora
☎ (941) 37 81 69.
Restaurante Venta de Goyo Menestra, cordero. Ctra. Lerma ☎ (941) 37 80 07.
Hotel Venta de Goyo Ctra. Lerma
☎ (941) 37 80 07.

VINIEGRA DE ARRIBA
Ayuntamiento Pza. Mayor, 1
☎ (941) 37 81 52.
Iglesia Asunción de Nª Señora
☎ (941) 37 81 69 (con Viniegra de Abajo).
Restaurante Montse Corralón, 1. Cocina riojana ☎ (941) 37 80 11.
Casa rural Lázaro 6 plazas. Carretera, s/n ☎ (941) 37 80 11.

VILLAVELAYO
Ayuntamiento San Juan, s/n
☎ (941) 37 60 32.
Iglesia de Santa María
☎ (941) 37 81 69 (con Canales de la Sierra).
Casas rurales:
Cobarajas 12 plazas San Roque
☎ (941) 37 60 28 - 37 60 25.
Los Enebrales 6 plazas San Roque, 26
☎ (941) 37 60 36.

CANALES DE LA SIERRA
Ayto. Mayor, s/n ☎ (941) 37 60 51.
Parroquial de Santa María y San Gabriel ☎ (941) 37 81 69.
Ermita de San Cristobal

mos sus calles camino de la iglesia de la Asunción, penetrando en su interior para contemplar el delicioso Retablo Mayor renacentista, lleno de fuerza y sabor miguelangelesco, salido de las manos del escultor Pedro Arbulo; no nos olvidemos de la ermita de San Mamés y de los ricos chorizos que han ganado merecida fama y con el recuerdo de su sabor llegamos a **Santa Coloma**, en cuya plaza un moderno monumento de Miguel Angel Sáinz recuerda a los riojanos de 1812 reunidos en Santa Coloma para pedir la Creación de la provincia de La Rioja; la iglesia parroquial guarda las reliquias de Santa Coloma y conserva la cripta de un antiguo templo paleocristiano o visigodo que debió contener los restos mortales de la santa virgen y mártir. Sabrosos embutidos y ricas patatas. Camino de **Castroviejo** encantaremos la vista con atractivos paisajes; podemos contemplar la iglesia de San Ildefonso, la arquitectura popular, y hasta pasear hacia la ermita de las Santas Alodia y Nunilo; contemplar el paso de los animales y cazar el jabalíes, conejos y perdices. Regresamos a la carretera nacional para dirigirnos a **Tricio**, el pueblo de los caracoleros, de buenos pelotaris y donde es obligado visitar la basílica

Interior de la ermita de Santa María de los Arcos en Tricio.

Arquitectura popular en Tobía.

paleocristiana de Nuestra Señora de Arcos, templo levantado con las columnas corintias romanas más colosales que hayas visto en *Hispania* (no olvides que los alfares de Tricio fueron importantísimos en época romana), con parte de un mosaico romano, con abundantes sarcófagos funerarios bajo tus pies y pinturas medievales en los muros; te sorprenderá, palabra. La iglesia de San Miguel es gótica del XV, aunque luce retablos barrocos. Si tienes ocasión no te pierdas un plato de caracoles, ni un partido de pelota en el frontón. Desde Tricio podemos acercarnos hasta **Arenzana de Arriba** y **Bezares** donde disfrutaremos de paz y sosiego campestres. Al detenernos en **Arenzana de Abajo** disfrutaremos del buen vino criado por viñadores expertos; un bellísimo crucero renacentista levantado sobre un pedestal permanece custodiado por cuatro columnas, firmes como soldados en la carretera de Nájera. En la iglesia de la Natividad vemos el Retablo Mayor donde Lope de Mendieta mezcla pintura y escultura. Por Navidad instalan un Belén mecánico que bien merece una visita. Siguiendo nuestra ruta y al tomar la carretera hacia **Camprovín**, junto al Puente de Arenzana, hay una zona de esparcimiento, con mesas y asadores,

Esteban Manuel Villegas

Villegas nació en Matute en 1589 en el seno de una familia acomodada, marchó a la Corte y estudió lenguas clásicas con tal brillantez, que a los 14 años traducía las «Anacreónticas». En la Universidad de Salamanca se licenció en derecho, regresando a trabajar como abogado en su tierra. La Inquisición lo procesó por su obra «Sátiras», quedando preso algún tiempo en Logroño. Su obra maestra es «Eróticas o Amatorias» publicadas en 1617. Sus composiciones «El pajarillo» y «Dulce vecino de la verde selva» dieron a Villegas gran renombre por la sencillez, ligereza y dulzura de sus versos. Esteban Manuel Villegas murió en Nájera en 1669 y figura en el Catálogo de Autoridades de la Lengua.

Aspecto de Matute.

para pasar un día de campo muy agradable y hasta para pescar truchas en el Najerilla. En Camprovín hallarás la iglesia de San Martín con un Retablo Mayor bien construído, emparentado en estilo con el de San Millán de la Cogolla; también encontrarás sabrosos embutidos. Enseguida nos presentamos en **Baños de río Tobía**, donde nos aguarda la Parroquial de San Pelayo, con su torre cuadrada de original remate y un Retablo Mayor renacentista de cinco calles; tiene hermoso ayuntamiento, bellas casonas y ermita de los Parrales cuya imagen fue hallada entre unas parras a las afueras de Baños. Buena parte de su población se dedica a elaborar ricos embutidos y jamones, y en el mes de septiembre, el domingo anterior a San Mateo, podrás contemplar la matanza tradicional del cerdo y asistir al *Festival del Chorizo* donde se reparte tan rico producto a miles de asistentes. En Baños de río Tobía nació el gran pelotari Barberito y si acudes al frontón de pelota, podrás ver su imagen junto al frontis. Siguiendo la carretera llegamos a **Bobadilla** donde cada año se celebra el Festival de la Trucha, el domingo antes de San Juan, con reparto de trucha y vino a los asistentes; también el Retablo Mayor de la iglesia de San Juan Baustista es digno de ver. Camino de **Matute** hallarás a la derecha de la carretra una sencilla, pero hermosa ermita rodeada de una agradable zona campestre, magníficas arboledas rodean también la población que conserva la casa natal de Esteban Manuel Villegas, escritor del XVII llamado "Cisne del Najerilla" y "Anacreonte español".

Tobía es nuestro próximo destino, un pequeño y delicioso pueblecito a orillas del río de su nombre, al amparo de colosales peñas formadas por conglomerados, que son habitadas en lo alto por varios nidos de rapaces. Fíjate en su arquitectura popular y también en su iglesia, pero no dejas de visitar El Rajao, creo que te maravillará.

Nuestro próximo destino es **Ledesma de la Cogolla** con su iglesia románica del XII, que guarda algunas tallas góticas, y la arquitectura tradicional de sus casas, rodeadas de bosques de roble y encina; es lugar estupendo para pasear al aire libre o cazar jabalíes, palomas, perdices y conejos. Dejamos Ledesma y nos dirigimos a **Pedroso** donde recorreremos sus calles contemplando su arquitectura tradicional, su iglesia del Salvador, que recoge los últimos aleteos del gótico, con su portada ojival, linda torre y un Retablo Mayor con pintura y escultura que se deja ver. También se puede pasear hacia la ermita de Santa Teodosia, en pleno monte para disfrutar del paisaje y las masas arbóreas que rodean el pueblo. Nos acercamos a **Brieva de Cameros**, bello pueblo serrano dedicado fundamentalmente a la ganadería que alterna arquitectura serrana con palacios barrocos, una casa de fines del medievo, la parroquial de San Miguel y la iglesia de Santa María. En los alrededores, donde abundan los jabalíes, se puede practicar la caza mayor; también tienen piscifactoría. Las gentes de Brieva guardaron la imagen de la Virgen de Valvanera desde la Desamortización hasta el regreso de los monjes al monasterio. Desde Brie-

Rollo de Ventrosa.

De Tobía a El Rajao con las botas puestas

Desde Tobía, siguiendo por una carreterilla la dirección suroeste, llegaremos a El Rajao tras una caminata de 8 km aproximadamente. El camino discurre paralelo al río Tobía, escuchando el cantar de sus trasparentes aguas y contemplando los paisajes que se ofrecen a la vista; el camino no admite pérdida y garantiza un magnífico techo de hojas de haya en verano y una mullida alfombra de colores delicados en otoño. Andando, andando vas a encontrar lugares de esparcimiento con mesas y asadores; más adelante hay un refugio y una zona de acampada donde descubriremos un bosquecillo de robles. Siguiendo el camino un poco más, descubriremos otro merendero y algo más lejos dejaremos de ver hayas, para contemplar abedules a la izquierda, mientras a la derecha tendremos álamos y pinos. Desde este lugar podremos contemplar los montes Pancrudos, de más de dos mil metros de altura.
Es el momento de dar la vuelta y regresar a Tobía.

Escudo en Ventrosa.

va, siguiendo la GR. 93.1, puedes pasar al valle del Iregua llegando hasta Ortigosa de Cameros. Y sin dejar la serranía nos acercamos a **Ventrosa de la Sierra**, pueblo ganadero con interesante arquitectura popular, con iglesia de San Pedro y San Pablo que atesora un delicado retablo renacentista realizado por Diego Ruiz y Pierres de París; con atractivo Museo Etnográfico que te encantará, con un rollo picota de cuatro cabezas y con unos alrededores ideales para pasear, recoger setas, participar en batidas de jabalí y contemplar bellos ejemplares de corzos y venados; podremos comer deliciosos embutidos, visitar el puente de la Hiedra y algunas cabañas pastoriles. Luego nos acercamos a **Viniegra de Abajo**, en cuyo término dicen que estaba el poblado de Lutia, cuyos habitantes ayudaron a los numantinos en su lucha contra Roma, cortándoseles la mano derecha en castigo. Junto a la carretera contrastan las casas de los indianos con las de los ganaderos más adentro; recorremos sus calles llegando hasta la parroquial de la Asunción construida en sillería y sillarejo. Si eres buen andarín acaso te atrevas a llegar hasta la ermita de San Millán, de camino hacia la laguna de Urbión o el monte San Lorenzo. También podrás pescar truchas y cazar a gusto. Poco más allá está **Viniegra de Arriba**, precioso pueblecito ganadero y forestal; jabalíes, venados, corzos y lobos abundan en la zona. Hay que recorrer su casco urbano y contemplar el trazado de calles y plazas y la arquitectura de sus casas entre las cuales hay algunas medievales. Y dejando las Viniegras nos dirigimos a **Mansilla de la Sierra**, que tiene ermita de Santa Catalina, templo románico del siglo XII que contempla el pueblo sumergido bajo las aguas del pantano de su nombre; un pueblo nuevo surgió donde viven las gentes dedicadas a la ganadería en un lugar donde abundan los pinares, robledales y hayedos. Muy interesante la cruz procesional del siglo XII y agradables paseos por los alrededores del embalse. Nos

Viniegra de Arriba.

Aspecto de Viniegra de Arriba.

acercamos a **Villavelayo**, el pueblo donde nació Santa Oria, cuya vida escribió Gonzalo de Berceo, que aquí tiene su ermita; también tiene iglesia de Santa María, románica, que guarda en su interior una cruz procesional gótica; también se conserva el palacio de Fernán González, amén de jugosas historias que cuentan los ancianos. Y llegamos al último pueblo de La Rioja, **Canales de la Sierra**, ganadero, hermoso y con una ermita de San Cristóbal, románica del XII, con bellas arquerías en el pórtico y torre cuadrada; un paseo por sus calles te mostrará el encanto de su arquitectura. En Canales se han descubierto restos prerromanos y romanos, en el siglo X recibió fuero del conde Fernán González. Desde esta población se pueden realizar interesantes paseos y excursiones por los alrededores.

Índice Toponímico

Índice General

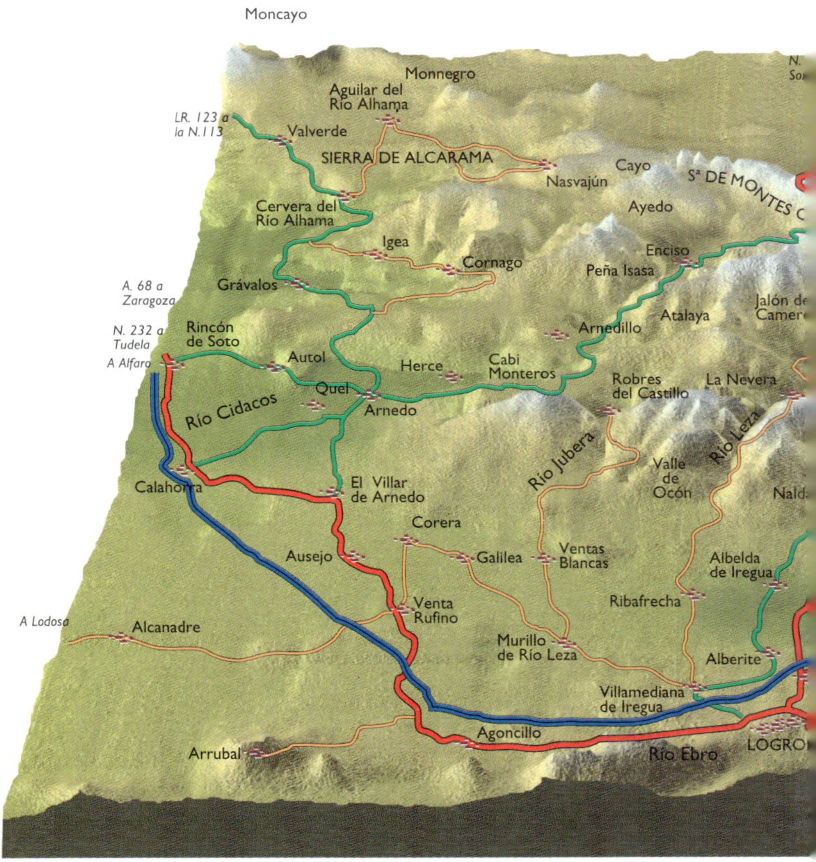

Moncayo
Monnegro
Aguilar del Río Alhama
LR. 123 a la N.113
Valverde
SIERRA DE ALCARAMA
Nasvajún
Cayo
Sª DE MONTES
Ayedo
Cervera del Río Alhama
Igea
Cornago
Enciso
Peña Isasa
Grávalos
A. 68 a Zaragoza
N. 232 a Tudela
A Alfaro
Rincón de Soto
Autol
Atalaya
Arnedillo
Herce
Cabi Monteros
Quel
Arnedo
Río Cidacos
Robres del Castillo
La Nevera
Río Jubera
Río Leza
Valle de Ocón
Calahorra
El Villar de Arnedo
Corera
Ausejo
Galilea
Ventas Blancas
Albelda de Iregua
Ribafrecha
Venta Rufino
A Lodosa
Alcanadre
Murillo de Río Leza
Alberite
Villamediana de Iregua
Agoncillo
Arrubal
Río Ebro